Inhaltsverzeichnis

Lehrerinformation

Der vorliegende Lernzirkel besteht aus **neun Pflichtstationen** und **fünf freien Stationen**. Hinsichtlich der Auswahl der Stationen 1 - 9 habe ich darauf geachtet, dass sowohl Aufbau und Funktion bestimmter Körperteile der Katze (Station 2, 3, 4, 6) als auch die Lebensweise (Station 5, 7, 9) und die verwandtschaftlichen Beziehungen des Tieres (Station 1, 8) angesprochen werden. Die freien Stationen regen unterschiedliche Sinneskanäle der Schüler an und haben teilweise auch einen fächerübergreifenden Aspekt (z. B. Deutsch).
Der Zeitaufwand des Lernzirkels beträgt je nach Lerngruppe 6 bis 7 Unterrichtsstunden.
Für die reibungslose Durchführung des Lernzirkels sind gewisse organisatorische Vorarbeiten erforderlich.

1. Allgemeine Vorbereitungen des Lernzirkels Katze

- Für jede Lernstation können Ziffernschilder (evtl. in DIN A5-Format) mit der entsprechenden Station angefertigt werden.
- Die Arbeitsaufträge der Schüler an den Stationen müssen nur je einmal kopiert werden.
  Dabei bietet sich als optischer Leitfaden eine unterschiedlich farbige Kennzeichnung der Pflichtstationen und der freien Stationen an. Die Arbeitsanweisungen können dazu auf farbiges DIN A4-Papier kopiert (z. B. Pflichtstationen in rot; freie Stationen in grün) und aus Gründen der besseren Haltbarkeit alle laminiert werden. Evtl. genügt aber auch der Hinweis, dass jede Pflichtstation ein eigenes Katzensymbol, die 5 freien Stationen ein wiederkehrendes Katzensymbol aufweist.
- Das Informationsmaterial der einzelnen Stationen sollte zweifach an den jeweiligen Stationen vorliegen.
  Ausnahmen sind die Bildkarte bzw. Informationskarten an den Stationen 1 und 8, sowie das Arbeitsmaterial an Station 9, die einfach vorliegen können. Bewährt hat sich die Kopien zu laminieren, da sie von allen Schülern benutzt werden.
- Des Weiteren sind Kopien der Arbeitsblätter und des Stationsplans im Klassensatz anzufertigen, die der freien Stationen können nach Bedarf kopiert werden. Die Arbeitsblätter werden an den einzelnen Stationen bereitgelegt. Der Stationsplan kann zu Beginn des Lernzirkels ausgeteilt werden.
- Es empfiehlt sich, die Lösungen zu den Arbeitsaufträgen in zweifacher Ausführung anzufertigen und ebenfalls zu laminieren. Sie werden an einem mit den Schülern vereinbarten Ort aufbewahrt. Zur Unterbringung eignen sich Pappmappen. Am geeignetsten sind Mappen in den Farben und der Anzahl der Stationen (z. B. 9 rote Mappen und 5 grüne Mappen). Sie helfen mit entsprechender Beschriftung den Schülern bei ihrem Ergebnisvergleich. Hier wären für die freien Stationen jedoch nur 2 Mappen notwendig!
- Literatur für den Büchertisch besorgen. Dabei sind Bildbände und für Kinder leicht verständliche Bücher zu empfehlen. Die Schüler haben dort auch noch einmal die Möglichkeit, in Ruhe zu „schmökern" bzw. sich bei Interesse zusätzliche Informationen zu verschaffen. Geeignete Bücher finden Sie in der Literarturliste zum Büchertisch. Ihre Stadtbücherei ist Ihnen bei der Ausleihe der Bücher sicher gerne behilflich.

- Das Material der Lernstationen kann gut in stapelbaren Ablagekörben untergebracht werden, die somit einen guten Transport gewährleisten. Evtl. sind zusätzlich noch zwei Körbe für das Bastelmaterial (Station 3 und 4), eine kleine Box für den Katzenschädel an Station 3 und ein Ablagekorb für die Lösungen notwendig.

2. Vorbereitungen zu den einzelnen Stationen

STATION 1

- Geschichte *„Die Katze war einmal ein heiliges Tier ..."* auf Kassette sprechen (evtl. kann man eine andere Person den Text sprechen lassen, damit die Schüler nicht abgelenkt werden nach dem Motto „Das sind ja Sie, Frau / Herr XY!").
- Am bereitgestellten Walkman sollte der „EIN"- bzw. „AUS"-Knopf deutlich gekennzeichnet sein, um Schwierigkeiten beim Ab- und Zurückspulen zu vermeiden. Dazu am besten einen roten Punkt aufkleben (z. B. selbstklebende Neon-Etiketten von TOPPOINT).
- Die Abbildung mit der Falbkatze kann ggf. von der Lehrperson koloriert werden. Eine Alternative zur gezeichneten Abbildung stellt ein Farbfoto dar. Tipps für Fotos:
  - Seite 8 in SPANGENBERG, Rolf: Katzen. Haltung, Pflege, Rassen. München/Wien/Zürich: BLV (1991), 127 S. (BLV Heimtierführer; Bd. 853).
  - http:// www.best5.net/animal/ (Tierbilder-Archiv in Englisch, Eingabe: wildcat)

STATION 2

- Katzenskelett mit Nummern vorbereiten.

STATION 3

- Katzenschädel zum Schutz in einen Karton legen.
- Bastelmaterial für die Station bereitlegen: 1 Packung Musterbeutelklammern (100 Stück), 4 Scheren, 2 Klebestifte (für Scheren und Klebestifte evtl. eine kleine Dose benutzen).
- Es empfiehlt sich, ein Körbchen für die Katzenschädelbox und das Bastelmaterial anzulegen.
- Die Lösung dieser Station sollte von der Lehrperson entsprechend farbig gekennzeichnet werden. Das Modell des Katzengebisses sollte als fertiges Anschauungsmodell bereitstehen. Am besten bewahrt man es zum Schutz in einer Box auf.

STATION 4

- Großes Katzenkrallen-Modell nach Bastelvorlage basteln. Dazu benötigt man : grauen und roten Fotokarton, 1 Musterbeutelklammer, 1 Gummiband, 1 Schnur, 1 Schere, 1 Bleistift und evtl. ein Stückchen Sperrholz als Verstärkung.
- Für die Schüler-Katzenkrallen-Modelle wird das gleiche Material benötigt bis auf das Sperrholz. Außerdem sind 4 Scheren notwendig.
- Die Lösung sollte von der Lehrperson auch farbig gekennzeichnet werden.

STATION 5

- Bastelmaterial zusammenstellen: 4 Scheren und 2 Klebestifte.
- Leere Blätter im Klassensatz bereitstellen.

STATION 6

- Die Karten des Kartensets sollten laminiert und in einem Briefumschlag zur Verfügung gestellt werden.

STATION 7

- Als Hilfe für die Schüler kann auf den Büchertisch verwiesen werden.

STATION 8

- Die Tierabbildungen auf den Informationskarten können von der Lehrperson koloriert werden. Zusätzlich könnten den Schülern Farbfotos angeboten werden. Geeignete Informationen finden Sie unter den folgenden Angaben:
  - KEIL, Manfred (Hg.): BIOS. Gymnasium. Nordrhein-Westfalen 5 - 7. Frankfurt am Main: Moritz Diesterweg (1998), X, 294 S. [Löwe, Tiger]
  - KÖTHE, Rainer: Katzen. Nürnberg: Tessloff (1991), 48 S. (WAS IST WAS; Bd. 59). [Leopard, Jaguar]
  - STÜBER, Eberhard/WINDING, Norbert: Die Tierwelt der Hohen Tauern. Wirbeltiere. Klagenfurt: Universitätsverlag Carinthia (1991), 184 S. (Wissenschaftliche Schriften). [Luchs]
  - REICHHOLF, Josef: Säugetiere. München: Mosaik (1983), 287 S. (Die farbigen Naturführer). [Wildkatze]
  - http://www.best5.net/animal/ (Tierbilder-Archiv in Englisch, für alle Tierarten geeignet, Eingabe: lion, tiger, leopard, jaguar, lynx, wildcat)
  - http://www.bigcats.de [Informationen zu Löwe, Tiger, Leopard,Jaguar und Luchs]
- Als zusätzliche Informationsquelle zu den Informationskarten empfiehlt es sich 3 - 4 Bücher an der Station auszulegen. Dazu eignen sich z. B.
  - ZIM, Herbert S./FICHTER, George S. (Hg.): Zootiere, Säugetiere, Vögel, Reptilien und Amphibien. Übersetzt und bearbeitet von Heinz Reichenbach München/Zürich: Delphin (1970), 159 S.; engl. Original: Western Publishing Company, Inc.(1967).
  - HEU, Roland: Säugetiere. Wildlebende europäische Arten. Deutsche Bearbeitung von Roswitha Rietschel-Kluge München/Zürich: Delphin (1973), 159 S.; frz. Original: Paris: Edition des Deux coqs d'Or (1968).
  - BISHOP, Iain: Säugetiere. Erkennen und bestimmen. Deutscher Text von Friedrich Bischof Zug: Sonderausgabe für Planet Medien AG, 124 S. Originalausgabe erschienen bei Larousse plc.
  - TIERE UNSERER ERDE: Erlangen: Pestalozzi-Verlag (1998), 84 S.
- Die Lösung sollte von der Lehrperson koloriert werden.

STATION 9

- Die Lehrperson kann ggf. die Einrichtungsgegenstände vor dem Laminieren kolorieren. Die Gegenstände sollten dann passend ausgeschnitten und den Schülern in einem Briefumschlag zur Verfügung gestellt werden.
- Der Wohnungsgrundriss sollte in DIN A3 kopiert und ebenfalls laminiert werden.

FREIE STATION 2

- Das Puzzle dieser Station kann von der Lehrperson nach dem Kopieren ggf. koloriert werden. Danach sollte es laminiert und ausgeschnitten werden. Für die Bereitstellung an der Station eignet sich am besten ein großer Briefumschlag.
- Alternativ kann von der Lehrperson auch ein gekauftes Puzzle mit Katzenmotiv aus gelegt werden, z. B. die Nummer No. 089352, 2 x 20 Teile von der Firma RAVENSBURGER oder ein Puzzle von jeder anderen beliebigen Firma. Befinden sich zwei Puzzles in der Packung sollten die Puzzle den Schülern in getrennten Tütchen angeboten werden, damit das Vertauschen der Teile möglichst gering gehalten wird.

FREIE STATION 3

- An dieser Station werden von der Lehrperson die Bücher zum Lesen bereitgelegt. Besonders geeignet für Kinder dieser Altersstufe sind folgende Bücher:
  - INKIOW, Dimiter: Ich und Klara und der Kater Kasimir. Berlin: Erika Klopp (1978), 97 S.
  - KOLÁR, Josef: Kater Schnurr mit den blauen Augen. Aus dem Tschechischen übersetzt und bearbeitet von Otfried Preußler München: Deutscher Taschenbuch Verlag (1977), 118 S.; tschech. Original u.d.T.: Z deníku kocoura Modroocka. Praha: Státni nakladatelství detské knihy (1965).
  - ALLAN, Angus [u. a.]: Tiere - meine große Liebe. 24 Tiergeschichten aus aller Welt. Übersetzt von Claudia Weiß München / Wien / Hollywood, Florida: Franz Schneider (1983), 379 S.; engl. Original u.d.T.: Animal Stories from around the world. The Hamlyn Publishing Group Ltd. (1982).

FREIE STATION 5

- Hier müssten von der Lehrperson einige Bücher ausgelegt werden. Geeignet sind z. B. folgende Bücher:
  - METCALF; Christine: Katzen. Rassenstandards und Haltung im Haus. Übersetzt und bearbeitet von Wolfram Rietschel München / Zürich: Delphin (1979), 160 S.; engl. Original: The Hamlyn Publishing Group Ltd. (1969).
  - LOXTON, Howard: Katzen. Erkennen und Bestimmen. Deutscher Text von Sigrid Eicher Köln: Naumann & Göbel. Originalausgabe erschienen bei Larousse plc.
  - HERRSCHER, Rüdiger / THEILIG, Harald: Kosmos-Katzenführer. 2. Aufl., Stuttgart: Franckh-Kosmos (1999), 192 S.

  Es können aber auch andere Werke mit den abgebildeten Katzenrassen verwendet werden.
- Die Lösung sollte koloriert werden.

BÜCHERTISCH:

Für den Büchertisch eignen sich zum Thema Katze folgende Bücher:

- ALLABY, Michael/BURTON, Jane: Katzenleben. Ein Tagebuch. Übersetzung aus dem Englischen von Renate Zeltner München: Mosaik (1986), 126 S.; engl. Original u.d.T.: Nine Lives. London: Ebury Press (1985).
- BREUER, Antje: Katzen. Unsere zärtlichen Freunde. Anschaffung • Rassen • Abstammung • Erziehung • Pflege • Gesundheit • Zusammenleben. Chur: Isis (1996), 192 S.
- COPPARD, Kit: Große Katzen. Übersetzung von Wolfgang Groth Augsburg: Weltbild Verlag GmbH (1999), 160 S.; engl. Original u.d.T.: BIG CATS. London: PRC Publishing Ltd. (1998).
- HARTMANN, Gerhard: Wilde Tiere. Nürnberg: Tessloff (1999), 48 S. (WAS IST WAS; Bd. 13).
- HOFMANN, Helga: Meine Katze richtig verstehen. Alles, was Sie über das Verhalten Ihrer Katze wissen sollten. Mit 320 Fotos von Monika Wegler. München: Mosaik in der Verlagsgruppe (1999), 175 S.
- KÖTHE, Rainer: Katzen. Nürnberg: Tessloff (1991), 48 S. (WAS IST WAS; Bd. 59).
- LIECKFELD, Claus-Peter/STRAASS, Veronika/LAUSCHE, Katharina: Meine Katze. Ein rotfuchs Sachbuch. Reinbek bei Hamburg: Rowohlt Taschenbuch Verlag (1993), 95 S. (rotfuchs; Bd. 697).
- SIELMANN, Heinz: Heimtiere. Nürnberg: Tessloff (1972), 48 S. (WAS IST WAS; Bd. 72).
- STEHR, Rainer: Mein Katzenbuch. Niedernhausen / Ts.: FALKEN (1996), 64 S. (FALKEN Ratgeber für Kinder).
- THEILIG, Harald: Katzen. Rassen und Farbschläge. Stuttgart: Franckh-Kosmos (1993), 96 S. (Kosmos-Naturführer).
- Wörterbuch Englisch-Deutsch / Deutsch-Englisch (für Zusatzaufgabe Station 8)

Hinweise zur Unterrichtsform

- Beim Lernen an Stationen handelt es sich um eine **offene** Art der Unterrichtsgestaltung, die sich vor allem positiv auf die **Selbstständigkeit** und **Selbsttätigkeit** der **Schüler** [1] auswirkt, da die Lerninhalte von den Schülern selbst erarbeitet werden können.
- Eine Unterrichtseinheit wird in verschiedene, möglichst voneinander unabhängige Einheiten, d. h. Lernstationen eingeteilt. Zu jeder Station wird ein **Arbeitsauftrag** formuliert, die dazu **benötigten Materialien** zusammengestellt und an einem **bestimmten, fest zugewiesenen Ort** im Klassenraum bereitgestellt.
- Bei den Lernstationen gibt es auf der einen Seite **Pflichtstationen**, die von allen Schülern bearbeitet werden müssen, und auf der anderen Seite **freie Stationen**, die zur Entspannung bzw. Zeitüberbrückung dienen oder auch als Differenzierungsangebot eingesetzt werden können.
- Bei der Gestaltung der Lernstationen sollten **vielseitige Lernangebote** vorliegen, so dass ein Lernen mit möglichst vielen Sinnen ermöglicht wird und demzufolge auch **viele Lerneingangskanäle** angesprochen werden.
- Diese Unterrichtsform ermöglicht den Schülern nicht nur ein **handlungsorientiertes und damit schüleraktives Arbeiten**, sondern auch die **individuelle Bestimmung des Arbeits- und Lerntempos** und die **freie Wahl der Sozialform bzw. Arbeitsweise**.
- Für die Lehrperson bietet das Lernen an Stationen die Möglichkeit der **individuelleren Betreuung und Förderung** einzelner Schüler. Ansonsten verlagert sich die Rolle der Lehrperson von der Lehrerzentriertheit des „normalen" Unterrichts zum **Lernmoderator**, der für die Bereitstellung des Materials und für den zeitlichen Rahmen verantwortlich ist und Hilfestellungen leistet bzw. positive Verstärkungen gibt.

[1] Mit der Bezeichnung Schüler sind im Folgenden sowohl Schülerinnen als auch Schüler gemeint. Beziehen sich Aussagen nur auf Schülerinnen, so geht dies aus dem Kontext hervor.

Literatur zum Thema Lernzirkel

- BAUER, Roland: Schülergerechtes Arbeiten in der Sekundarstufe I: Lernen an Stationen. Berlin: Cornelsen Scriptor (1997), 192 S.
- GIETH, van der, Hans-Jürgen: Lernzirkel - Die neue Form des Unterrichts, Kempen, Buch Verlag Kempen (2001), 120 S.

Stationsplan

von: ______________________________

Stationen	Arbeitsform	bearbeitet
Station 1: Die Katze war einmal ein heiliges Tier	Einzel- oder Partnerarbeit	
Station 2: Das Skelett der Katze	Einzel-, Partner- oder Gruppenarbeit	
Station 3: Zeigt her eure Zähne!	Einzel-, Partner- oder Gruppenarbeit	
Station 4: Auf leisen Sohlen!	Einzel-, Partner- oder Gruppenarbeit	
Station 5: Der Schleichjäger auf der Pirsch!	Einzel-, Partner- oder Gruppenarbeit	
Station 6: Die Sinnesorgane der Katze	Einzel-, Partner- oder Gruppenarbeit	
Station 7: Jetzt lernen wir „Kätzisch"	Einzel-, Partner- oder Gruppenarbeit	
Station 8: Die Familie „Katze" stellt sich vor	Einzel-, Partner- oder Gruppenarbeit	
Station 9: Eine Katze kommt ins Haus	Einzel-, Partner- oder Gruppenarbeit	
Freie Station 1: Heute schon gerätselt?	Einzel-, Partner- oder Gruppenarbeit	
Freie Station 2: Die Puzzlestation	Einzel-, Partner- oder Gruppenarbeit	
Freie Station 3: Die „Schmökerstation"- Viele Geschichten zur Katze	Einzelarbeit	
Freie Station 4: Wir malen ein Katzen-Mandala	Einzelarbeit	
Freie Station 5: Die Katzenrassen	Einzel- oder Partnerarbeit	

Station 1: Die Katze war einmal ein heiliges Tier

Maximale Stationsbelegung: 2

Materialien: Walkman mit Kopfhörern, Kassette mit Geschichte „Wie die Katze zum Haustier wurde", Geschichte „Wie die Katze zum Haustier wurde", Bildkarte von ägyptischer Falbkatze, Arbeitsblatt, Bleistift

Arbeitsform: Einzel- oder Partnerarbeit

Aufgabe:
Höre dir die Geschichte auf der Kassette an und fülle anschließend den Lückentext auf dem Arbeitsblatt aus. Schaue dir auch die Bildkarte von der Falbkatze an.

Achtung! Nachdem du die Geschichte gehört hast, spule die Kassette bitte wieder an den Anfang zurück (Taste mit dem rot markierten Punkt)!

Anmerkung: Die Geschichte kannst du noch einmal nachlesen!

Kontrolliere deine gefundenen Ergebnisse mit der Lösung!

Lösung Station 1

Die erzählte Geschichte spielt in **Ägypten**. Die Bauern hatten dort zu der Zeit in den **Scheunen** ihr **Getreide** gelagert, damit sie genügend Vorräte bei Missernten hatten. Dieses wurde von Mäusen jedoch oft aufgefressen.

Da kam den Bauern die **Falbkatze** zu Hilfe. Sie **fing / tötete** die Mäuse und **fraß** sie auf. Im Laufe der Zeit gewöhnte sich die **Falbkatze** an den Menschen und wurde zum **Haustier**. Dadurch, dass die Falbkatzen eine wichtige **Aufgabe / Rolle** übernahmen, nämlich das Mäusefangen, wurden sie in Ägypten sehr **verehrt** und als **heilige** Tiere angesehen.

Station 2: Das Skelett der Katze

Maximale Stationsbelegung: 4

Materialien: Katzenskelett, Informationsmaterial „Das Katzenskelett", Arbeitsblatt, Bleistift

Arbeitsform: Einzel-, Partner- oder Gruppenarbeit

Aufgabe:
Benenne die nummerierten Knochen am Katzenskelett mit Hilfe des Informationsmaterials und trage die Namen der Knochen auf dem Arbeitsblatt ein.

Überprüfe deine Antworten mit der Lösung!

Lösung Station 2

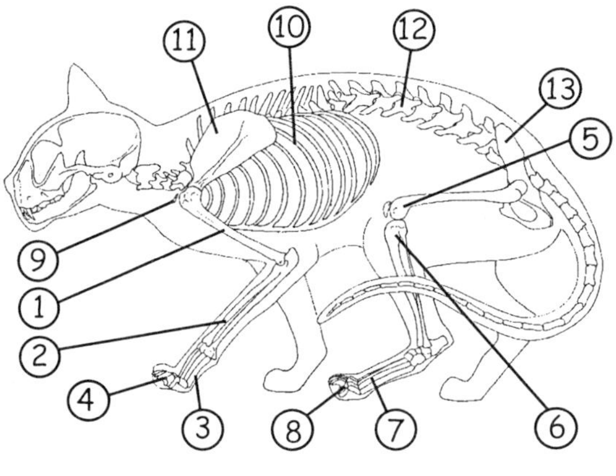

1) Oberarm
2) Unterarm
3) Mittelhand
4) Finger
5) Oberschenkel
6) Unterschenkel
7) Mittelfuß
8) Zehen
9) Brustbein
10) Rippe
11) Schulterblatt
12) Wirbelsäule
13) Becken

Station 3: Zeigt her eure Zähne!

Maximale Stationsbelegung: 4

Materialien: Katzenschädel, Informationsmaterial „Das Raubtiergebiss", Arbeitsblatt, Bleistift, Buntstifte (gelb, rot und blau), Bastelbogen, Musterbeutelklammern, Schere, Klebestift

Arbeitsform: Einzel-, Partner- oder Gruppenarbeit

Aufgaben:

1. Erledige die Arbeitsaufträge auf dem Arbeitsblatt mit Hilfe des Informationsmaterials „Das Raubtiergebiss". Vergleiche deine Ergebnisse mit der Lösung.

2. Bastel dir ein Katzengebiss, wie auf dem Bastelbogen beschrieben!

Lösung Station 3

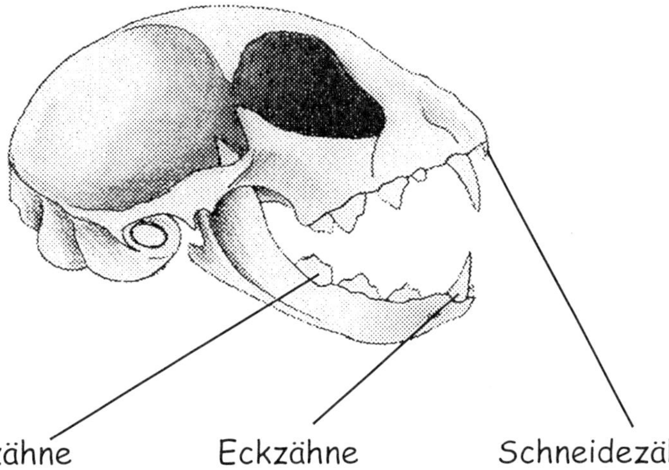

Station 4: Auf leisen Sohlen!

Maximale Stationsbelegung: 4

Materialien: Katzenkrallen-Modell, Informationsmaterial „Die Katzenkrallen", Arbeitsblatt, Bleistift, Buntstifte, graue Pappe, rote Pappe, Schnur, Gummiband, Schere

Arbeitsform: Einzel-, Partner- oder Gruppenarbeit

Aufgaben:

1. Schaue dir das Modell der Katzenkralle gut an und bearbeite die Aufgaben auf dem Arbeitsblatt. Vergleiche deine Ergebnisse mit der Lösung!
2. Bastel mit Hilfe der Vorlagen auf dem Arbeitsblatt selbst ein Katzenkrallen-Modell.

Lösung Station 4

Zu 1:

Modell		*Katzenpfote*
Pappe „grau"	-	**Pfote**
Pappe „rot"	-	**Kralle**
Gummiband	-	**elastisches Band**
Schnur	-	**untere Sehnen**

Zu 2:

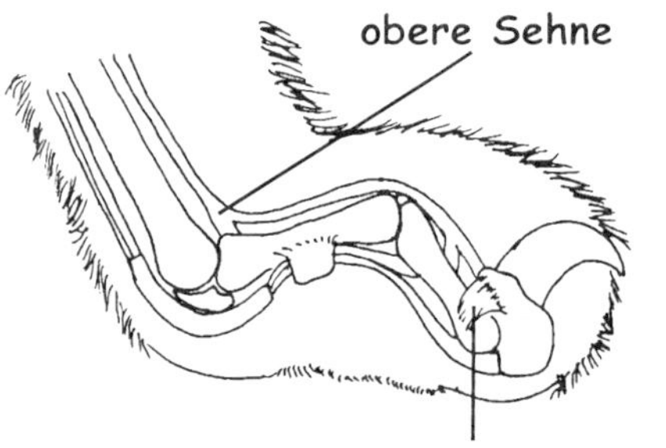

eingezogene Krallen

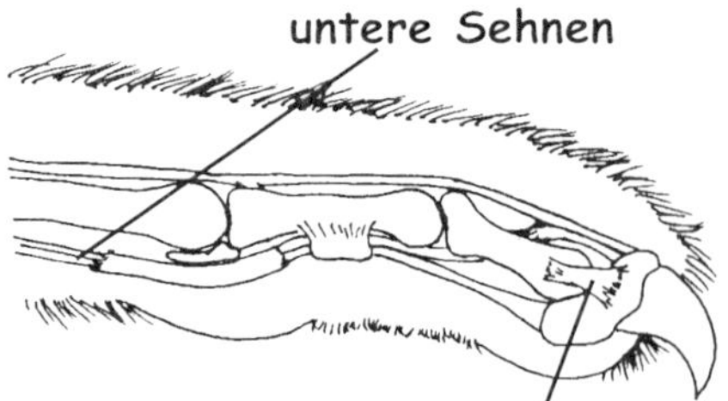

ausgestreckte Krallen

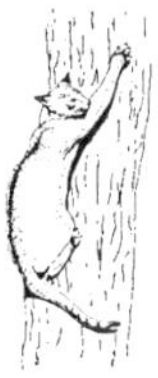

Station 5: Der Schleichjäger auf der Pirsch!

Maximale Stationsbelegung: 4

Materialien: Arbeitsblatt, leeres Blatt Papier, Schere, Klebestift, Bleistift
Arbeitsform: Einzel-, Partner- oder Gruppenarbeit

Aufgaben:

1. Schneide die Abbildungen und Textabschnitte vom Beutefang der Katze aus.

2. Ordne nun die Abbildungen des Beutefangs der Katze in der richtigen zeitlichen Reihenfolge.

3. Ordne dann die Textabschnitte den einzelnen Abbildungen zu und klebe alles auf das leere Blatt Papier.
   Die Überschrift lautet: „Beutefang der Katze".

Achtung! Bevor du alles festklebst, kontrolliere deine Antwort mit Hilfe des Lösungsblattes.

Lösung Station 5

4

E Die Katze hat eine Maus aus größerer Entfernung entdeckt und schleicht in geduckter Haltung auf die Maus zu.

1

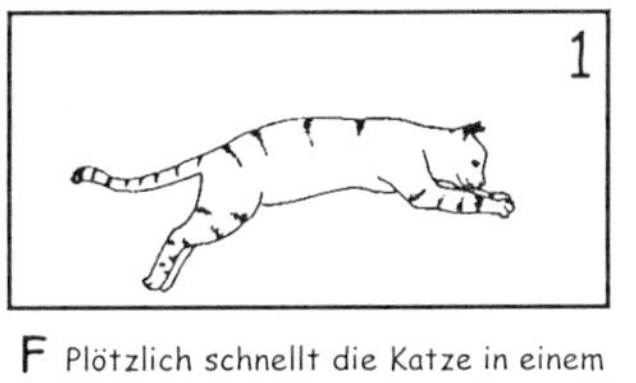

F Plötzlich schnellt die Katze in einem Sprung auf die Beute zu und ergreift sie mit den Vorderpfoten.

2

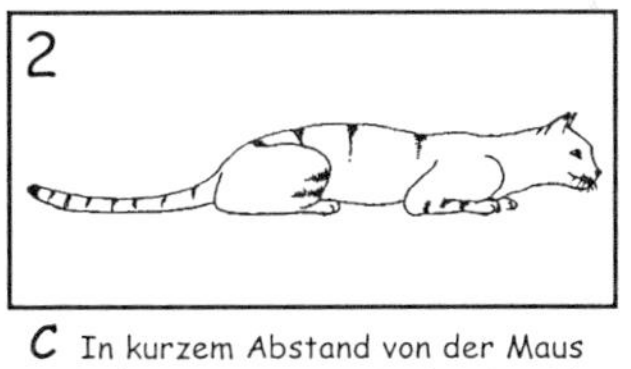

C In kurzem Abstand von der Maus hält die Katze an. Sie drückt sich flach auf den Boden. Der Kopf wird vorgestreckt, die Ohren sind nach vorn gerichtet.

3

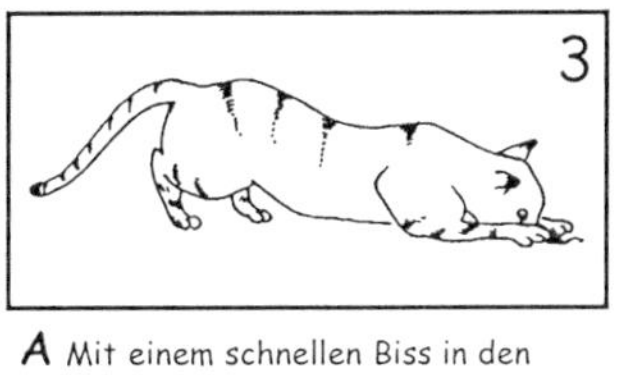

A Mit einem schnellen Biss in den Nacken wird die Maus getötet.

5

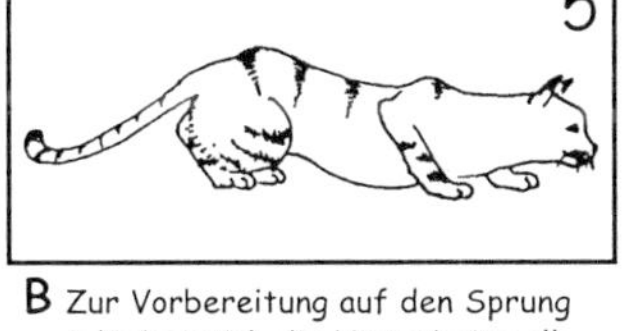

B Zur Vorbereitung auf den Sprung schieben sich die Hinterbeine allmählich zurück. Der Schwanz zuckt heftig.

6

D Oft sieht man, wie die Katze nach erfolgreicher Jagd mit der Beute spielt. Sie baut dadurch den entstandenen Streß ab.

Station 6: Die Sinnesorgane der Katze

Maximale Stationsbelegung: 4

Materialien: Kartenset (liegt zweimal vor), Arbeitsblatt, Bleistift
Arbeitsform: Einzel-, Partner- oder Gruppenarbeit

Aufgaben:

1. a) Nimm dir ein Kartenset und lege die Karten mit dem Text nach oben auf den Tisch.
   b) Suche nun die Karten mit den Sinnesorganen der Katze heraus und ordne sie untereinander an.
   c) Suche dann die Karten mit den jeweils passenden Leistungen und Aufgaben heraus und lege sie zu den dazugehörigen Sinnesorganen. Wenn deine Zuordnung richtig ist, so hast du auf der Rückseite der Karten zwei gleiche Katzen.

2. Übertrage nun deine Lösungen auf das Arbeitsblatt.
   Die Lösung des Arbeitsblattes findest du auch bei den Lösungen.

Lösung Station 6

1. **Ohren:** Hören von leisesten Geräuschen; Einschätzung der Richtung und Entfernung der Geräuschquelle

2. **Augen:** Änderung der Pupillenweite bei unterschiedlichen Lichtverhältnissen; ausgezeichnetes Sehen bei Dunkelheit

3. **Nase:** Untersuchung der Nahrung; Kontaktaufnahme mit Artgenossen

4. **Gleichgewichtsorgan:** Drehung des Körpers bei Stürzen, so dass Füße nach unten in Fallrichtung zeigen

5. **Zunge:** Schmecken der Nahrung; Putzen des Fells

6. **Schnurrhaare:** Feststellen von Hindernissen bei völliger Dunkelheit; Wahrnehmung von Erschütterungen; Abtasten von Beutetieren

Station 7: Jetzt lernen wir „Kätzisch“

Maximale Stationsbelegung: 4

Materialien: Informationsmaterial „Die Körpersignale einer Katze“, Arbeitsblatt, Bleistift

Arbeitsform: Einzel-, Partner- oder Gruppenarbeit

Aufgaben:

1. Eine Katze hat vielfältige Möglichkeiten sich auszudrücken. Sie kann ihre Stimmung durch die Körperhaltung, durch das Mienenspiel und über ihre Lautsprache mitteilen.
   Schaue dir dazu das Informationsmaterial „Die Körpersignale einer Katze“ an.

2. Erledige dann den Arbeitsauftrag auf dem Arbeitsblatt. Dabei hilft dir das Informationsmaterial.

Vergleiche deine Ergebnisse mit dem Lösungsblatt.

Lösung Station 7

BVK LZ14 • Susanne Köser: Lernzirkel Katzen

Station 8: Die Familie „Katze" stellt sich vor

Maximale Stationsbelegung: 4

Materialien: 6 Informationskarten, verschiedene Tierbücher, Arbeitsblatt, Bleistift, Buntstifte

Arbeitsform: Einzel-, Partner- oder Gruppenarbeit

Aufgaben:

1. Betrachte die Bilder auf den ausliegenden Informationskarten (6 Stück) von verschiedenen Verwandten der Hauskatze.

2. Fülle nun die Tabelle auf dem Arbeitsblatt mit Hilfe der Informationskarten und der an der Station ausliegenden Bücher aus.

3. Vergleiche deine Ergebnisse mit dem Lösungsblatt.

Zusatzaufgabe:

Suche zu Hause in Zeitschriften nach Bildern von den Tierarten, die auf den Informationskarten abgebildet sind. Klebe diese Bilder dann auf ein Blatt Papier. Oder suche im Internet nach Bildern dieser Tierarten unter der folgenden Adresse: http://www.best5.net/animal

Lösung Station 8

Tierart	Färbung und Musterung des Fells	Lebensraum
Löwe	gelbes Fell	Afrika
Tiger		Indien, Java, Sibirien
Leopard	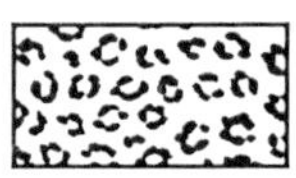	Afrika, Südasien
Jaguar		Süd- und Mittelamerika, Süden der USA
Luchs	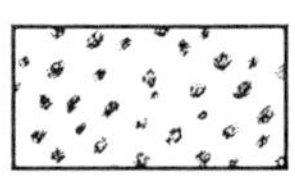	Nordamerika, Asien, in Europa fast ausgerottet
Wildkatze		Europa

Station 9: Eine Katze kommt ins Haus

Maximale Stationsbelegung: 4

Materialien: Geschichte „Das Kätzchen", Wohnungsgrundriss, Einrichtungsgegenstände (6 Stück), Arbeitsblatt, Bleistift

Arbeitsform: Einzel-, Partner- oder Gruppenarbeit

Aufgaben:

1. Lies dir die Geschichte „Das Kätzchen" gut durch.
2. Nimm dir den Wohnungsgrundriss und die Einrichtungsgegenstände für die Katze und versuche, die Wohnung „katzengerecht" einzurichten.
3. Zeichne deinen „Einrichtungsvorschlag" auf dem Arbeitsblatt ein. Einen Lösungsvorschlag findest du bei den Lösungen.

Lösungsvorschlag Station 9

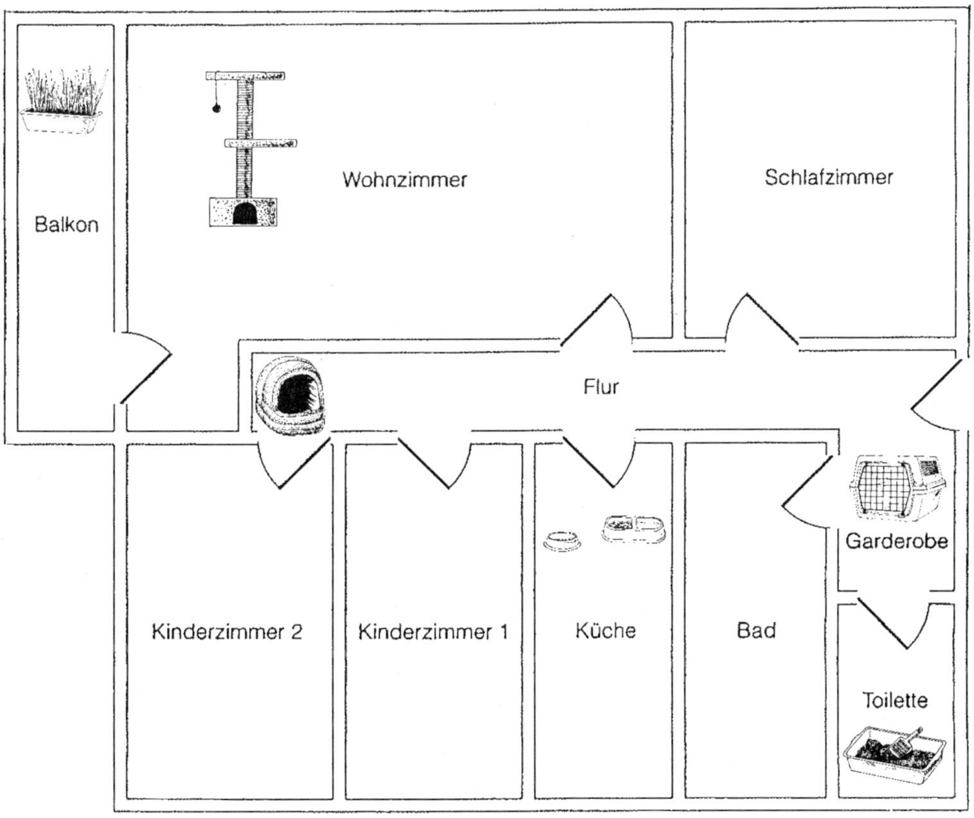

BVK LZ14 • Susanne Köser: Lernzirkel Katzen

Freie Station 1: Heute schon gerätselt?

Maximale Stationsbelegung: 2 oder mehr

Materialien: Rätsel, Bleistift oder Buntstift

Arbeitsform: Einzel-, Partner- oder Gruppenarbeit

Aufgabe:
Löse das Rätsel auf dem Arbeitsblatt.
Die Lösung findest Du bei den Lösungen.

Viel Spaß!

Lösung Freie Station 1

R	I	E	R	K	J	E	Z	B	L	E	G	Ö	S	S	T	Z	E	A	K	F	B	E
J	A	S	G	A	K	A	T	Z	E	N	K	R	A	L	L	E	F	A	H	A	P	P
Ä	A	U	E	T	R	D	G	S	Ö	U	C	H	O	N	R	Ö	U	U	N	L	U	U
G	M	E	B	E	A	P	R	U	Ä	G	T	K	M	ß	W	S	W	T	B	B	P	L
E	E	O	T	T	Z	E	K	A	A	Z	B	E	H	C	K	L	E	E	C	K	I	A
L	L	L	I	S	I	B	Z	T	Z	R	U	A	F	I	Ö	A	Ö	W	Ö	A	L	Ä
E	P	T	T	S	C	E	A	W	E	L	U	W	T	A	G	R	T	Ä	S	T	L	Z
O	J	T	C	S	H	W	T	G	Ä	J	L	Ö	B	I	N	L	W	Z	M	Z	E	L
P	J	A	I	U	L	Ö	S	G	E	A	K	E	E	Z	T	G	O	A	E	E	N	U
A	D	Y	R	G	Ö	O	P	G	E	D	K	A	S	T	K	L	T	A	Ä	E	W	C
R	A	J	U	A	E	U	G	Ä	W	B	R	I	A	K	A	J	A	H	C	L	E	H
D	R	L	E	L	U	R	D	K	L	E	I	N	K	A	T	Z	E	Z	K	A	I	S
M	L	A	O	P	Ö	E	O	L	A	L	D	S	K	E	L	E	T	T	R	E	T	T
S	C	H	N	U	R	R	H	A	A	R	E	Z	S	K	H	A	W	E	Ö	T	E	S
W	E	S	C	H	L	E	I	C	H	J	Ä	G	E	R	A	R	U	R	Ä	G	R	E

Freie Station 2: Die Puzzlestation

Maximale Stationsbelegung: 4

Materialien: Puzzle mit Bildvorlage

Arbeitsform: Einzel-, Partner- oder Gruppenarbeit

Aufgabe:
Versuche, das Puzzle zusammenzusetzen. Als Hilfe dient dir die Bildvorlage, auf der das fertige Bild zu sehen ist. Nimm das fertige Puzzle nach dem Zusammensetzen wieder auseinander und lege die einzelnen Puzzleteile in den Beutel zurück.

Viel Spaß!

Lösung Freie Station 2

Freie Station 3: Die „Schmökerstation"

Maximale Stationsbelegung: 3

Materialien: Verschiedene Bücher mit Katzengeschichten

Arbeitsform: Einzelarbeit

Aufgabe:
Lies eine Katzengeschichte oder ein Kapitel einer Katzengeschichte.
Du kannst auch ein Bild zur Geschichte malen.

Wenn du dich noch weiter über Katzen informieren möchtest, schaue dich am Büchertisch um.

Freie Station 4: Wir malen ein Katzen-Mandala

Maximale Stationsbelegung: 4 oder mehr

Materialien: Mandala-Malvorlage, Buntstifte

Arbeitsform: Einzelarbeit

Aufgabe:
Male das Katzen-Mandala farbig aus.

Freie Station 5: Die Katzenrassen

Maximale Stationsbelegung: 2

Materialien: Bücher mit Katzenrassen, Arbeitsblatt, Bleistift, Buntstifte

Arbeitsform: Einzel- oder Partnerarbeit

Aufgabe:

1. Male die auf dem Arbeitsblatt dargestellten Katzenumrisse der vorgegebenen Katzenrassen farbig aus.
   Benutze als Malvorlage die an der Station ausliegenden Katzenbücher.
2. Schreibe dann jeweils den Namen der Katzenrasse daneben und nummeriere sie.

Lösung Freie Station 5

(1)

Perserkatze

(2)

Siamkatze

(3)

Norwegische Waldkatze

Station 1: Die Katze war einmal ein heiliges Tier

Geschichte:
Wie die Katze zum Haustier wurde

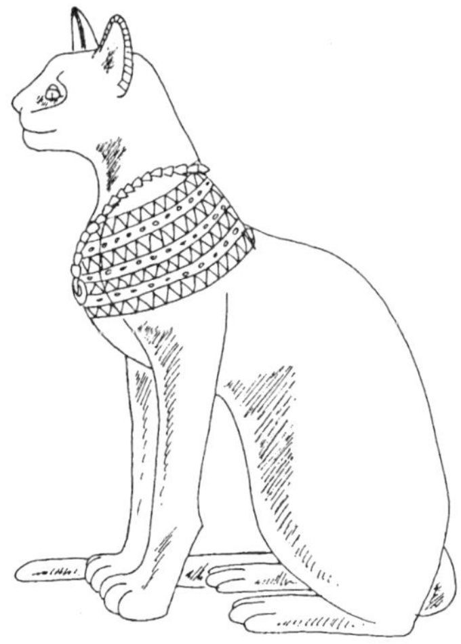

Vor langer Zeit wurde in Ägypten im Niltal schon Getreide zur Ernährung der Menschen angebaut. Das Getreide wurde in Scheunen gelagert. Häufig wurden große Mengen der Ernte von Mäusen aufgefressen, so dass die Menschen hungern mussten. Eines Tages entdeckte ein Bauer eine ägyptische Falbkatze, die Vorfahrin unserer Hauskatze, in seiner Scheune. Er wollte wie immer nach seinem Getreide sehen und die Mäuse vertreiben. „Die Katze will bestimmt von unserem Getreide fressen", dachte er sofort. „Dabei habe ich immer gedacht, die Katze frisst nur Fleisch. Noch eine Plage mehr!" stöhnte der Bauer. Er lief mit einem Stock fuchtelnd auf die Katze los. Diese erschrak und sauste blitzschnell davon. Der Bauer ging weiter und bemerkte zu seinen Füßen eine tote Maus. Er hob sie auf und trug sie nach draußen. „Die hat sich wohl überfressen", dachte er.
Plötzlich stutzte er aber, denn er sah zwei Bissstellen am Nacken der Maus. „Ob die Bissstellen von der Katze sind?", überlegte der Bauer. „So große Zähne haben Mäuse nicht, dass sie sich gegenseitig totgebissen haben könnten."

Er beschloss: „Ich werde warten, ob die Katze wiederkommt um die Mäuse zu fangen, dann muss ich nicht die ganzen Mäuse erschlagen." Stunden vergingen. Um ihn herum raschelte es ständig. Die Mäuse knabberten ruhig an den Vorräten. Es dämmerte schon als der Bauer plötzlich einen lautlos huschenden Schatten am Scheunentor erkannte. Es war tatsächlich die Falbkatze. Er konnte ihre Fellfarbe gerade noch im trüben Licht erkennen. Er sah, wie die Katze sich duckte, sprang und eine Maus mit den Krallen erbeutete. Durch einen gezielten Biss in den Nacken tötete die Katze die Maus und fraß sie auf.
„Die Katze könnte für uns nützlich sein", überlegte der Bauer. „Man müsste sie ständig hier haben, so dass sie, wenn sie hungrig ist, sofort Mäuse fangen kann." Und er beschloss: „Ich werde ihr ein Stück Fleisch vor unsere Tür legen. So wird sie sich an uns Menschen gewöhnen." Gesagt, getan. So geschah es von da an Abend für Abend im Niltal, bis schließlich nicht nur eine Katze, sondern mehrere zum Haus mit der Scheune kamen und viele Mäuse fingen.

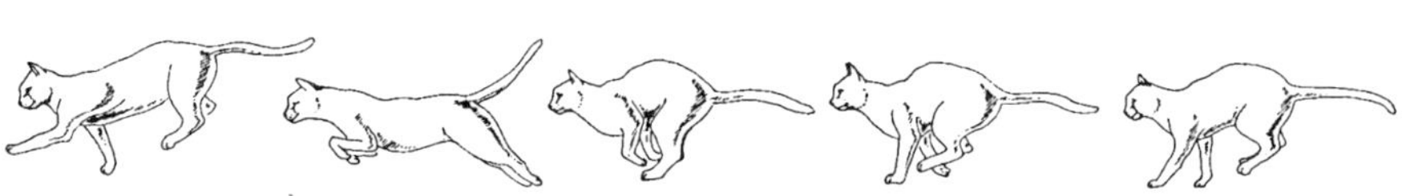

BVK LZ 14 • Susanne Köser: Lernzirkel Katzen

Station 1: Die Katze war einmal ein heiliges Tier

Die Mäuseplage ließ stark nach und viele Menschen brauchten nun nicht mehr zu hungern. Die Menschen waren den Katzen dafür sehr dankbar.
Bald wurden sie in ganz Ägypten verehrt und zu heiligen Tieren erklärt. Den Ägyptern waren die Katzen so wichtig, dass sie eine Katzengöttin verehrten, in deren Tempel sie immer wieder Opfergaben brachten. Wer eine Katze tötete, sei es versehentlich oder mutwillig, erhielt die Todesstrafe. Die Katzen begannen sich bei den Menschen sehr wohl zu fühlen, so dass sie schließlich zum Haustier wurden.
Im heutigen, modernen Ägypten, also fast 4.000 Jahre später, ist vom damaligen Katzenkult nicht viel übrig geblieben. Forscher fanden jedoch bei Ausgrabungen Millionen von Katzenmumien. Dabei handelte es sich um einbalsamierte und mit Tüchern umwickelte tote Katzen, die so in besonderen Gräbern beigesetzt worden waren.

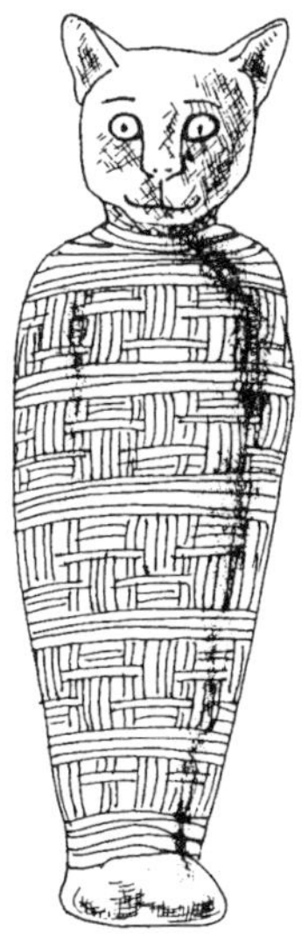

Katzenmumie
Wenn eine der heiligen Katzen im alten Ägypten starb, balsamierte man den Körper ein und umwickelte ihn mit Tüchern. Die Katzen wurden in einem besonderen Grab beigesetzt. Als man im letzten Jahrhundert diese Gräber ausgrub, fand man Millionen von derart konservierten Katzenmumien.

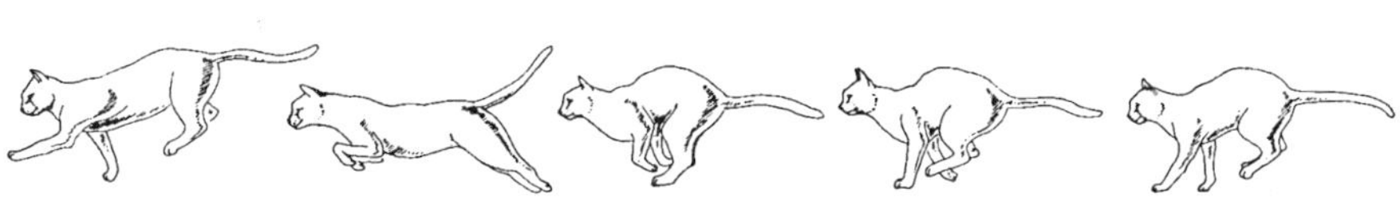

Aufgabe:

Fülle den folgenden Lückentext aus.

Die erzählte Geschichte spielt in ______________________________ . Die Bauern hatten dort zu der Zeit in den ____________________________ ihr _______________ gelagert, damit sie genügend Vorräte bei Missernten hatten. Dieses wurde von Mäusen jedoch oft aufgefressen.
Da kam den Bauern die ________________________________ zu Hilfe. Sie _________________ die Mäuse und _________________ sie auf. Im Laufe der Zeit gewöhnte sich die ____________________________ an den Menschen und wurde zum ____________________ . Dadurch, dass die Falbkatzen eine wichtige _____________________ übernahmen, nämlich das Mäusefangen, wurden sie in Ägypten sehr __________________ und als _________________ Tiere angesehen.

Falbkatze

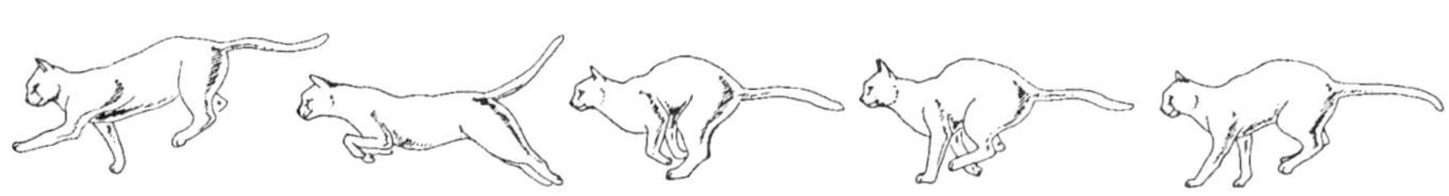

Informationsmaterial:
Das Katzenskelett

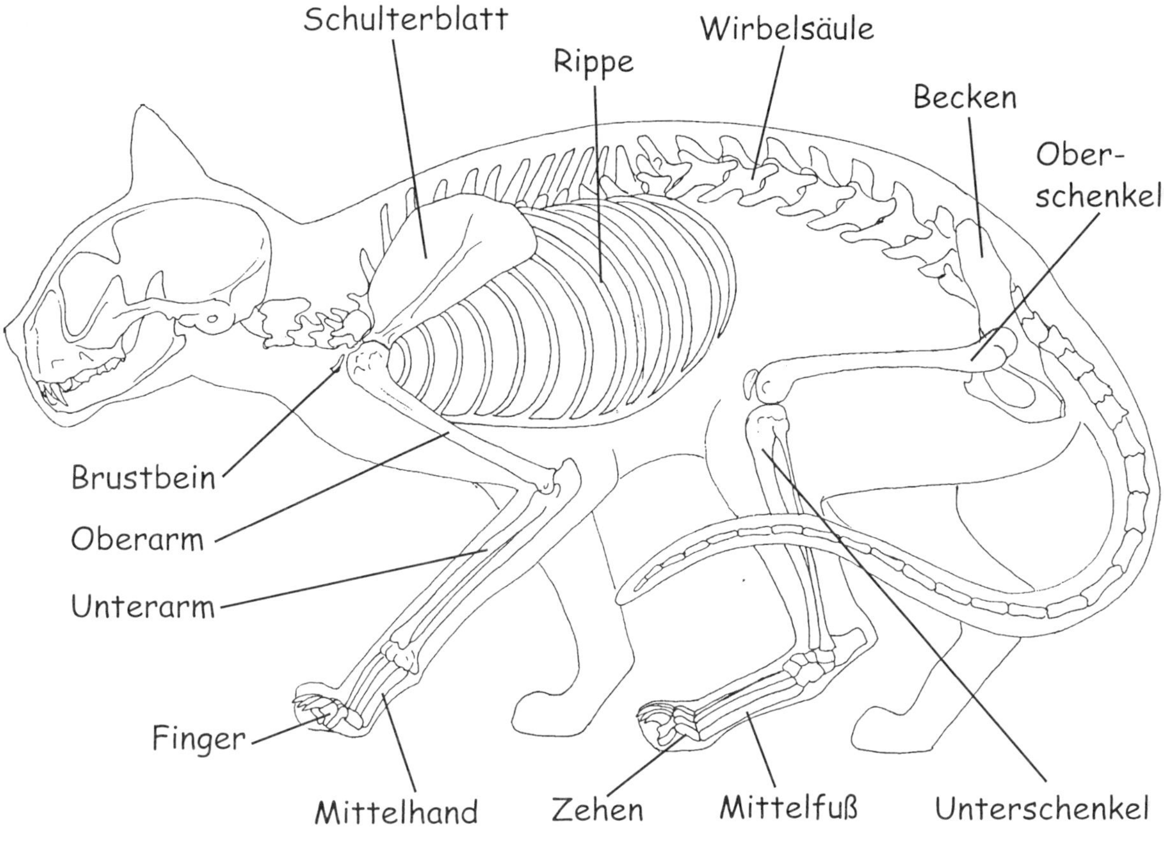

Station 2: Das Skelett der Katze

Aufgabe:

Ordne den Nummern am Katzenskelett die richtigen Skelett-Teile zu. Dabei hilft dir das Informationsmaterial „Das Katzenskelett".

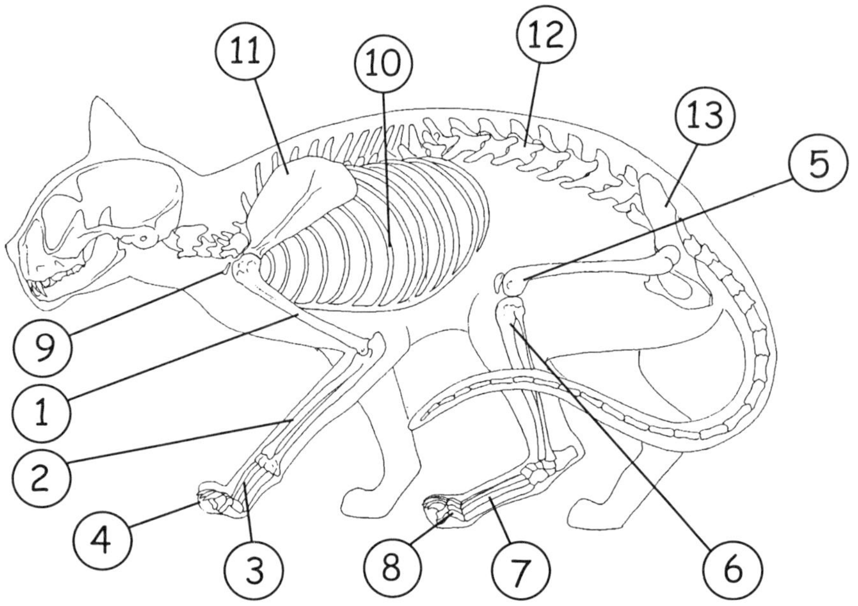

Katzenskelett

1. ______________________________
2. ______________________________
3. ______________________________
4. ______________________________
5. ______________________________
6. ______________________________
7. ______________________________
8. ______________________________
9. ______________________________
10. ______________________________
11. ______________________________
12. ______________________________
13. ______________________________

Informationsmaterial:
Das Raubtiergebiss

„Das Raubtiergebiss"

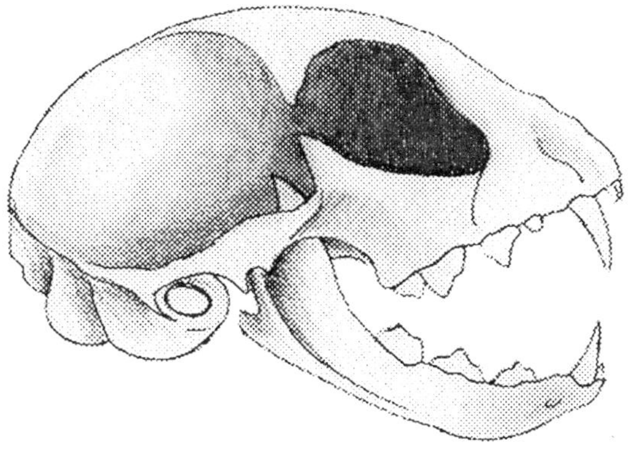

„Zeige mir deine Zähne, und ich sage dir, wer du bist!"
Das Gebiss eines Tieres spiegelt stets seine Ernährungsweise wider. Raubtiere, wie auch die Katzen, besitzen ein **Raubtiergebiss**.
Mit den spitzen, dolchartigen **Eckzähnen**, die auch **Fangzähne** genannt werden, kann das zappelnde und sich wehrende Beutetier sicher festgehalten und dann getötet werden. Die hinteren Zähne, die **Backenzähne**, sind spitzhöckerig und scharfkantig und dienen dem Zerteilen des Fleisches. Die größten **Backenzähne** werden **Reißzähne** genannt. Damit werden Fleischstücke wie mit einer Schere zerschnitten und dünnere Knochen zerbrochen. Die kleinen **Schneidezähne** setzt die Katze kaum zur Nahrungsaufnahme ein. Mit ihnen kann die Katze, unterstützt von der rauhen Zunge, Fleischreste von Knochen abzupfen.
Außerdem kann sie damit Parasiten in ihrem Fell zerbeißen.

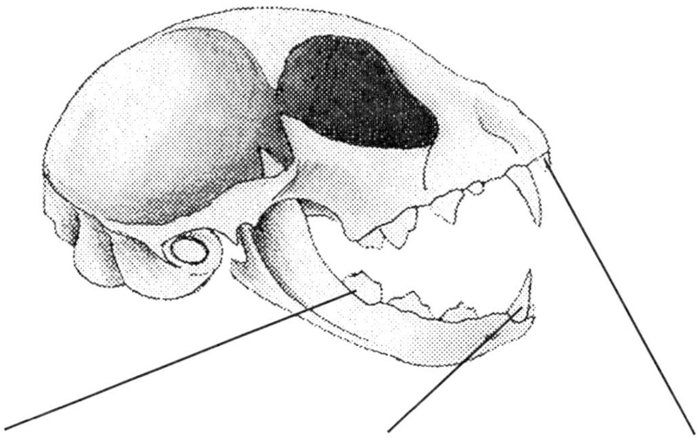

Zahnart: ______________ ______________ ______________

Aufgabe: ______________ ______________ ______________

______________ ______________ ______________

______________ ______________ ______________

______________ ______________ ______________

Aufgaben:

1. Benenne die Zahnarten im Gebiss der Katze mit Hilfe der Abbildung auf dem Informationsmaterial „Das Raubtiergebiss". Sieh dir dazu auch den ausliegenden Katzenschädel an.

2. Male die verschiedenen Zahnarten farbig an. Verwende dazu folgende Farben:
   gelb - Schneidezähne
   blau - Eckzähne
   rot - Backenzähne

3. Lies dir den Text auf dem Informationsmaterial „Das Raubtiergebiss" gut durch und ordne dann die folgenden Aufgaben den verschiedenen Zahnarten zu. Trage sie an der entsprechenden Stelle ein: Festhalten und Töten der Beute - Abzupfen von Fleischresten - Abbeißen und Zerkleinern der Nahrung.

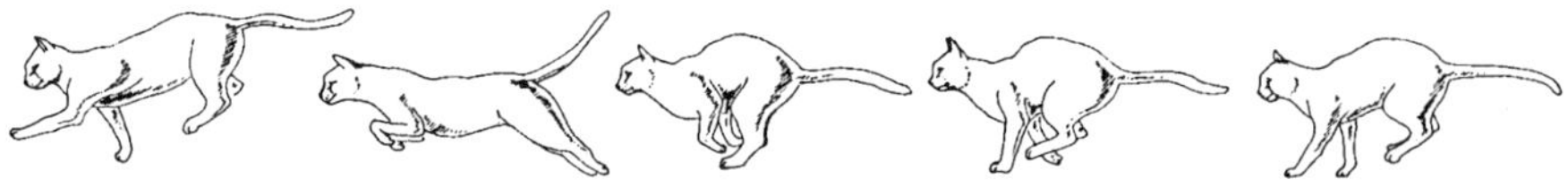

Station 3: Zeigt her eure Zähne!

Aufgabe:

Bastel dir ein Katzengebiss!

- Male zuerst die Zahnarten wie in der Abbildung auf dem Arbeitsblatt farbig an.
- Schneide dann den Ober- und Unterkiefer **sorgfältig** aus.
- Lege nun den Oberkiefer auf den Unterkiefer. Dabei müssen die mit ◯ gekennzeichneten Stellen beider Kiefer aufeinander liegen.
- Durchbohre diese Stellen **vorsichtig** mit jeweils einer Musterklammer und biege diese dann um.
- Klebe dann den Oberkiefer an den mit ▨ gekennzeichneten Stellen zu einem Ring zusammen.

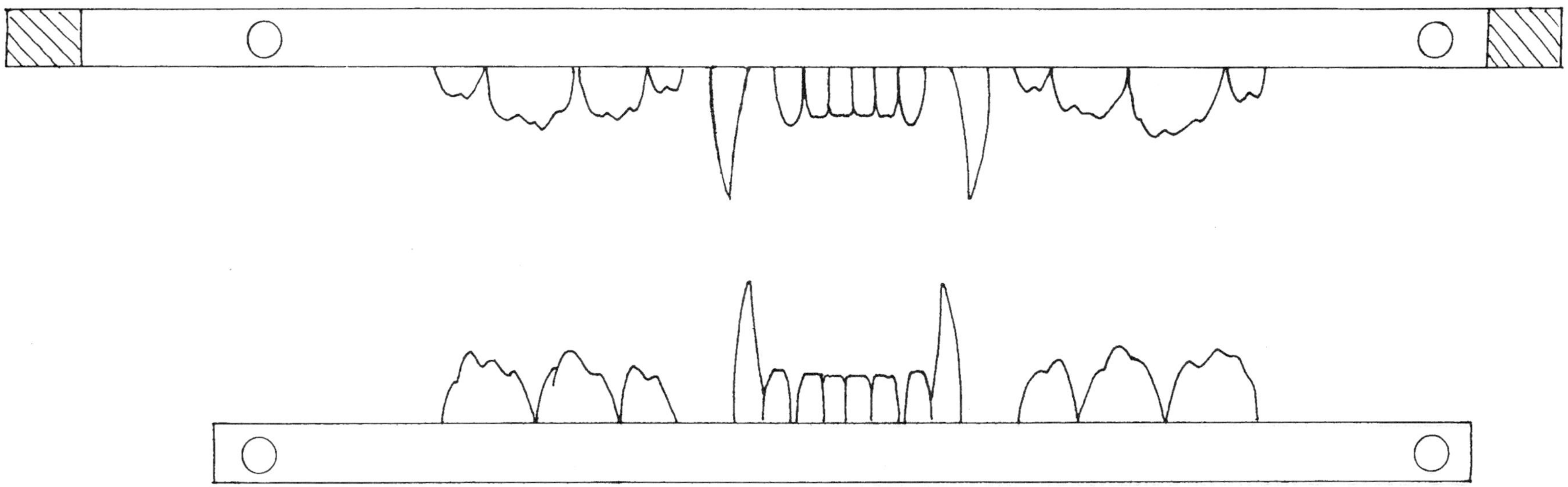

Informationsmaterial:
Die Katzenkrallen

„Die Katzenkrallen"
Die dolchartig gebogenen **Krallen** der Katze stecken normalerweise in „Krallentaschen", die sie vor übermäßiger Abnutzung schützen und der Katze zudem ein leises Schleichen ermöglichen, weil nur die weichen Sohlenpolster den Boden berühren. Mittels eines bestimmten Mechanismus aus Sehnen und Muskeln kann die Katze ihre Krallen ausfahren und zurückziehen.
Bei der **ausgestreckten Kralle** werden die **unteren Sehnen** angezogen, wodurch sich die Kralle nach unten bewegt. Das **elastische Band** zwischen den Fingerknochen dehnt sich.
Bei der **eingezogenen Kralle** verhält es sich anders. Dabei ist die **obere Sehne** angespannt, wobei die Kralle hochgehoben wird. Das **elastische Band** verkürzt sich.
Die Krallen dienen nicht nur zum **Fangen der Beute**, sondern auch zur **Verteidigung**, zum **Klettern** und als fingerartiges Werkzeug zum **Heranziehen entfernter Gegenstände**. Da die Krallen ständig **nachwachsen**, muss die Katze sie von Zeit zu Zeit schärfen.

eingezogene Krallen

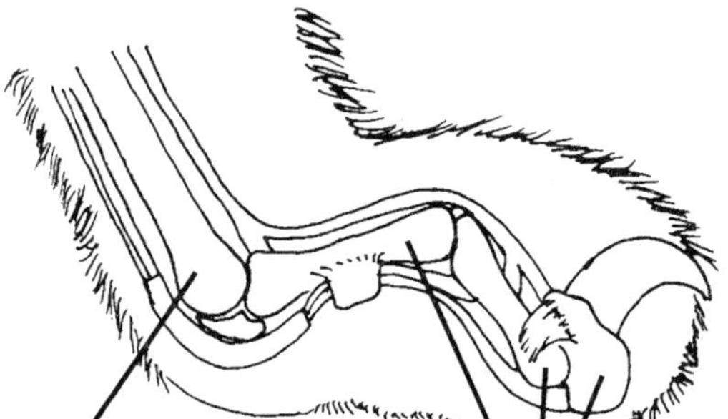

ausgestreckte Krallen

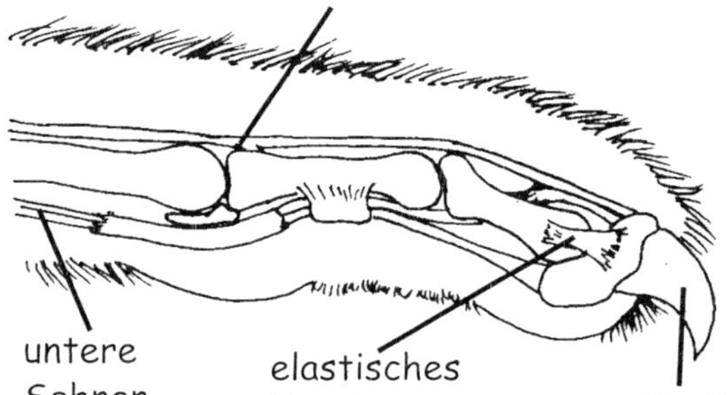

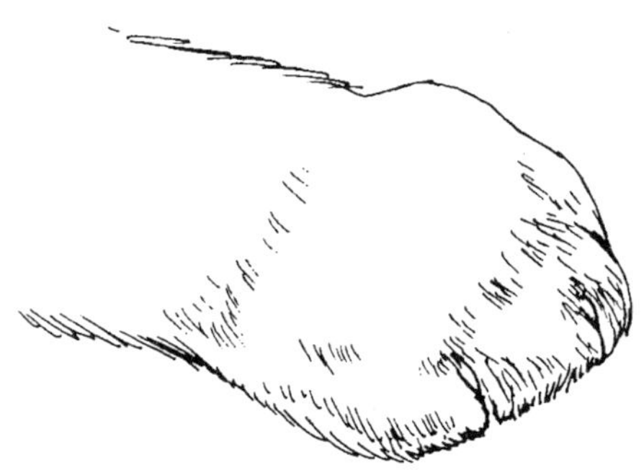

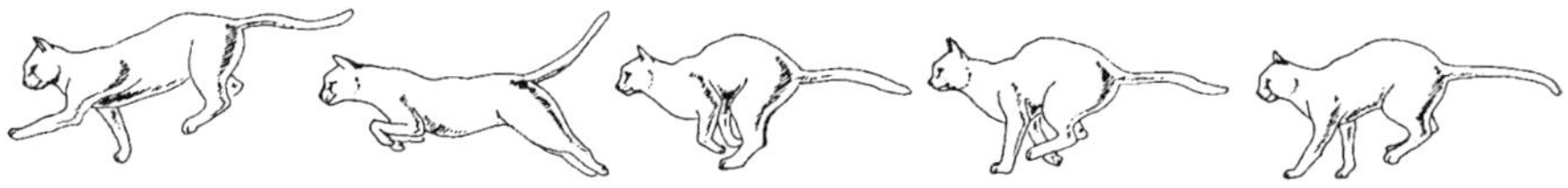

Station 4: Auf leisen Sohlen!

Aufgaben:

1. Vergleich: Modell - abgebildete Katzenpfote
   Trage in die unten abegebildete Tabelle den jeweiligen Teil der Katzenpfote ein, der im Katzenkrallen-Modell dargestellt ist.

Modell einer Katzenkralle

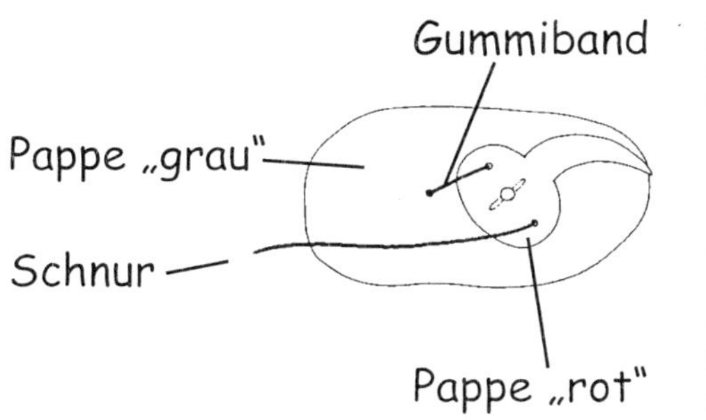

Modell	Katzenpfote
Pappe „grau"	
Pappe „rot"	
Gummiband	
Schnur	

2. Funktion der Katzenkrallen

a) Zeichne in beiden Abbildungen die fehlenden Krallen ein und gib an, ob es sich um eingezogene oder ausgestreckte Krallen handelt.

b) Markiere jeweils den Teil des Bewegungsapparates farbig, der für die Krallenstellung zuständig ist und benenne ihn.

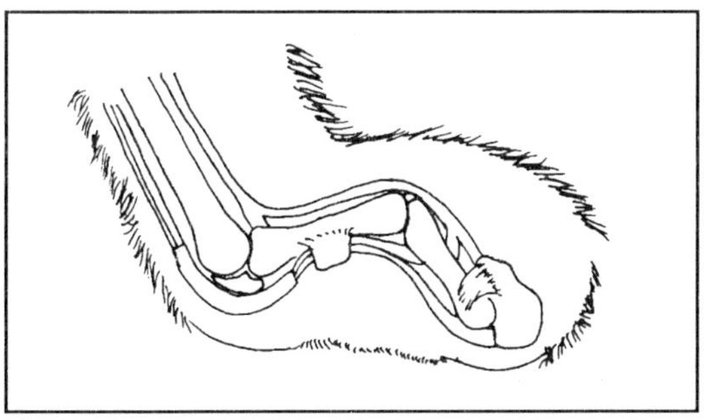

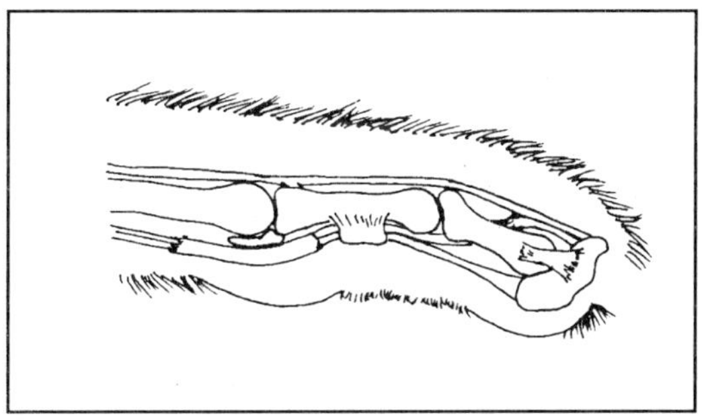

____________________ Krallen ____________________ Krallen

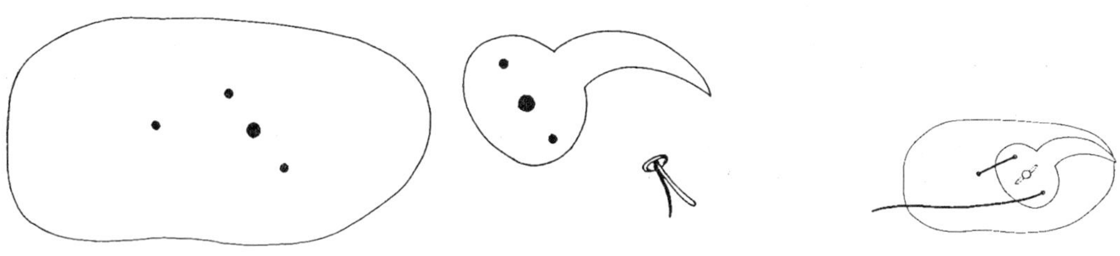

Bastelvorlage

Modell

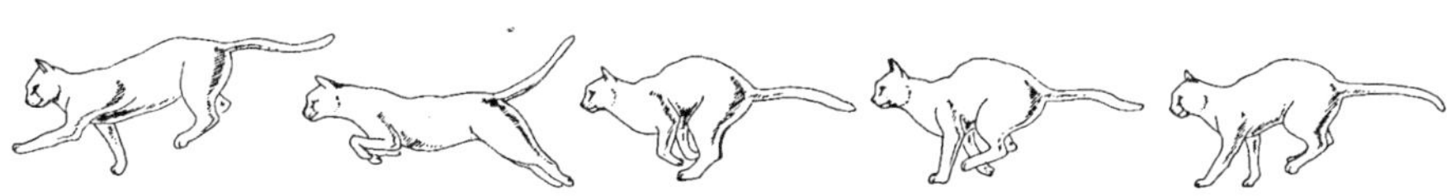

BVK LZ 14 • Susanne Köser: Lernzirkel Katzen

Station 5: Der Schleichjäger auf der Pirsch!

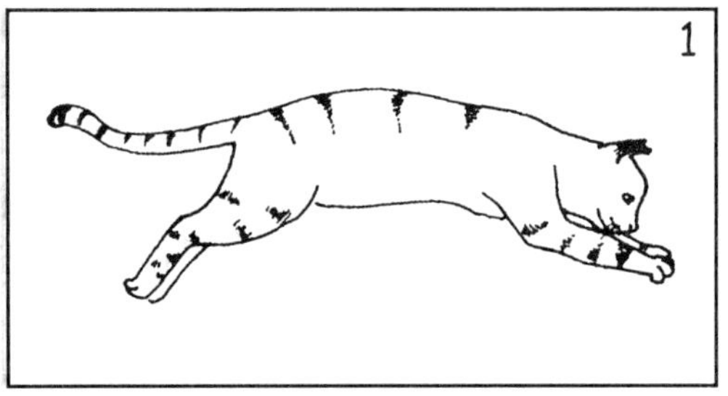

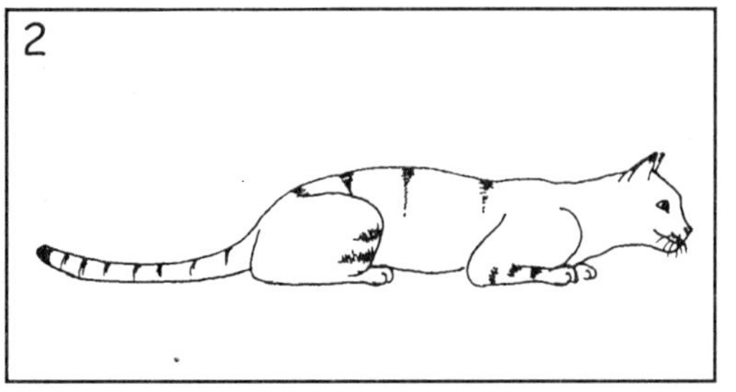

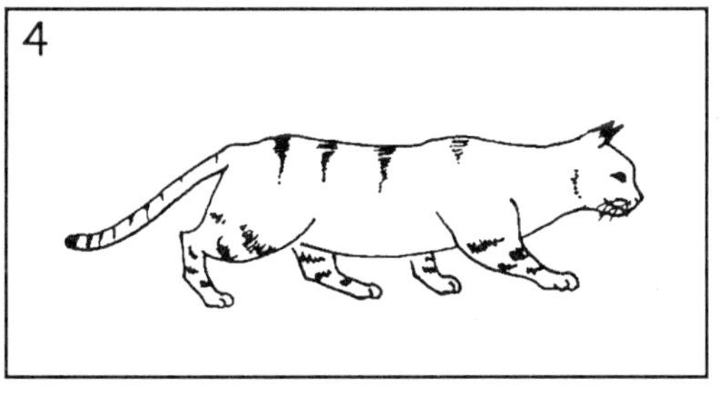

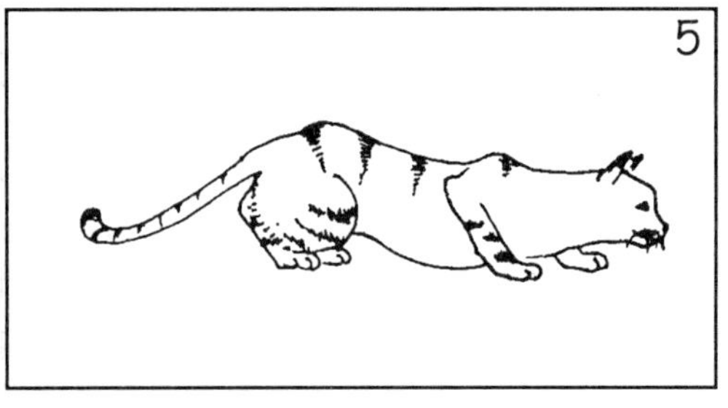

A Mit einem schnellen Biss in den Nacken wird die Maus getötet.

B Zur Vorbereitung auf den Sprung schieben sich die Hinterbeine allmählich zurück. Der Schwanz zuckt heftig.

C In kurzem Abstand von der Maus hält die Katze an. Sie drückt sich flach auf den Boden. Der Kopf wird vorgestreckt, die Ohren sind nach vorn gerichtet.

D Oft sieht man, wie die Katze nach erfolgreicher Jagd mit der Beute spielt. Sie baut dadurch den entstandenen Streß ab.

E Die Katze hat eine Maus aus größerer Entfernung entdeckt und schleicht in geduckter Haltung auf die Maus zu.

F Plötzlich schnellt die Katze in einem Sprung auf die Beute zu und ergreift sie mit den Vorderpfoten.

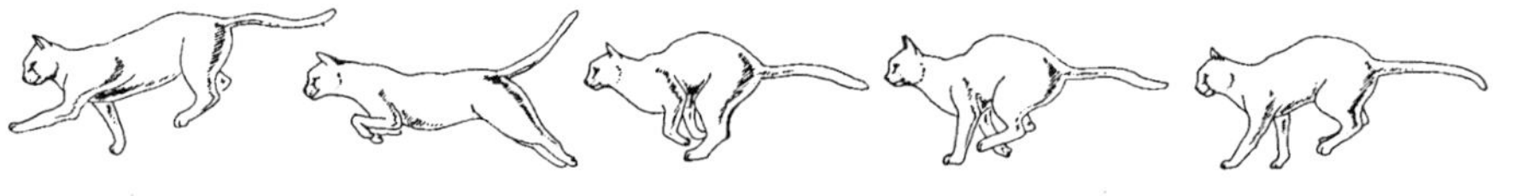

Station 6: Die Sinnesorgane der Katze

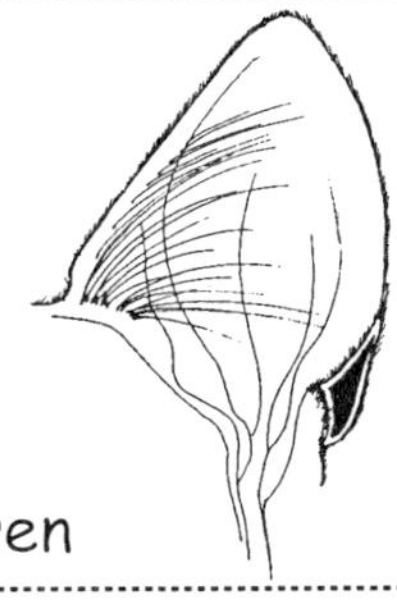 Ohren	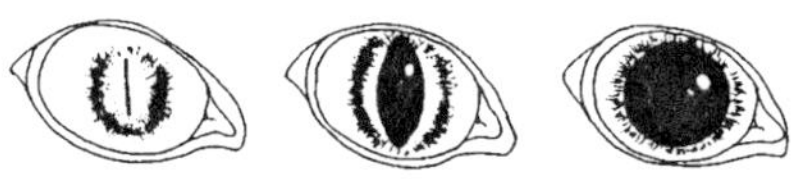 Augen	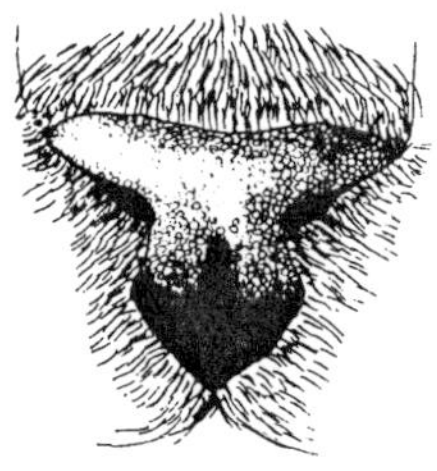 Nase
 Gleichgewichtsorgan	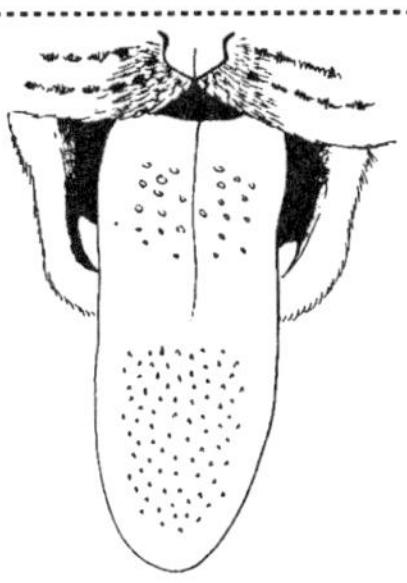 Zunge	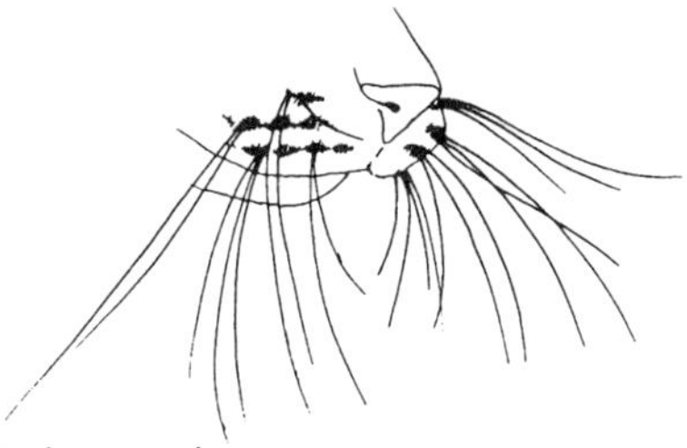 Schnurrhaare

Hören von leisesten Geräuschen; Einschätzung der Richtung und Entfernung der Geräuschquelle	Änderung der Pupillenweite bei unterschiedlichen Lichtverhältnissen; ausgezeichnetes Sehen bei Dunkelheit	Untersuchung der Nahrung; Kontaktaufnahme mit Artgenossen
Drehung des Körpers bei Stürzen, so dass Füße nach unten in Fallrichtung zeigen	Schmecken der Nahrung; Putzen des Fells	Feststellen von Hindernissen bei völliger Dunkelheit; Wahrnehmung von Erschütterungen; Abtasten von Beutetieren

BVK LZ14 • Susanne Köser: Lernzirkel Katzen

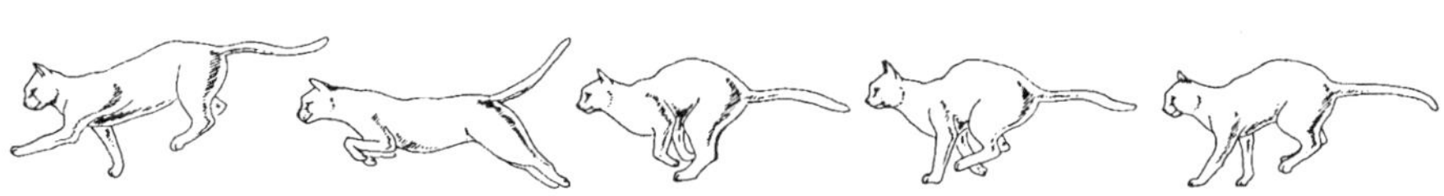

Station 6: Die Sinnesorgane der Katze

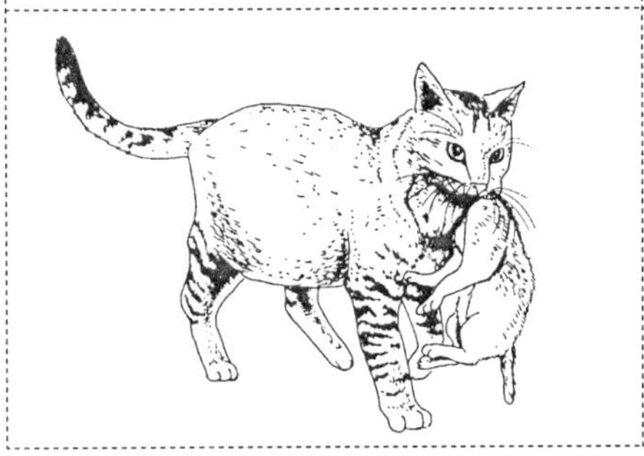

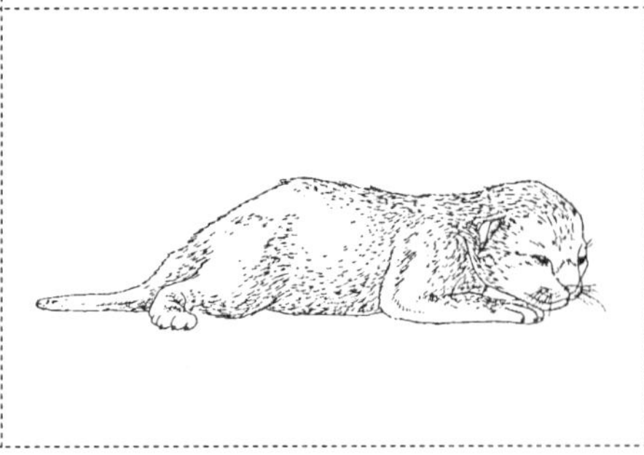

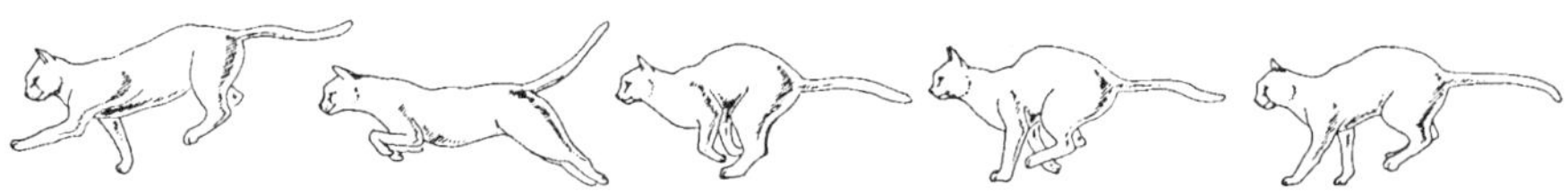

BVK LZ14 • Susanne Köser: Lernzirkel Katzen

Station 6: Die Sinnesorgane der Katze

Sinnesorgane | Leistung und Aufgabe

1. ______________________ | ______________________

2. ______________________ | ______________________

3. ______________________ | ______________________

4. ______________________ | ______________________

5. ______________________ | ______________________

6. ______________________ | ______________________

Informationsmaterial:
Die Körpersignale einer Katze

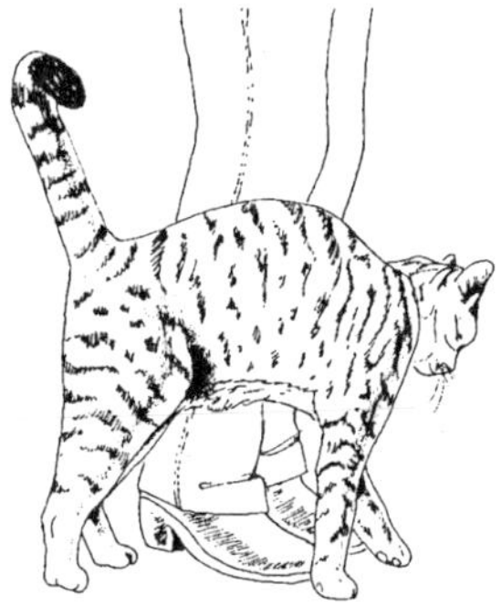

Zufrieden: Schön, dass du da bist!

Diese Katze begrüßt hocherfreut ihren Menschen, der nach Hause kommt. Sie macht einen Buckel und ihr Schwanz bewegt sich. Die Katze streicht um die Beine ihres Zweibeiners und reibt sich an ihnen. Sie fordert ihren Menschen zu Streicheleinheiten auf.

Angesäuert: Pass auf, gleich gibt´s Zoff!

Dieser kleine Tiger ist völlig verärgert, schwankt aber noch zwischen Angst und Angriff. Die Katze zeigt durch zurückgelegte Ohren, daß sie von freundlicher Annäherung nichts wissen will. Der hocherhobene Schwanz macht klar: „Bereit zum Angriff!"

Munter: Ach, guck´mal, was da los ist!

Etwas hat das Interesse dieser Katze geweckt. Oder sie hört etwas Angenehmes und ist noch unentschlossen, ob es sich lohnt, nachzusehen. Aus dieser Position kann sie schnell aufspringen. Dass sie wach und freundlich gesinnt ist, sieht man an den nach vorne gestellten Ohren und der entspannten Haltung.

Angsterfüllt: Lass mich bloß in Ruhe!

Diese fauchende Katze fühlt sich massiv bedroht. Sie ist bereit, jeden Moment aus purer Angst zurückzuschlagen. Angriff als Verteidigung. Extrem hinuntergeklappte Ohren, geduckte Haltung und sich bewegende Schwanzspitze drücken Furcht aus.

Müde: Gleich bin ich eingeschlafen...

Noch dämmert diese Katze vor sich hin. Sie nickt allmählich ein und gleitet in die Horizontale, wo sie im Reich der Träume ausgestreckt liegen wird. Mit erhobenem Kopf und bewegten Ohren ist sie noch hellwach, auch wenn die Augen schon geschlossen sind.

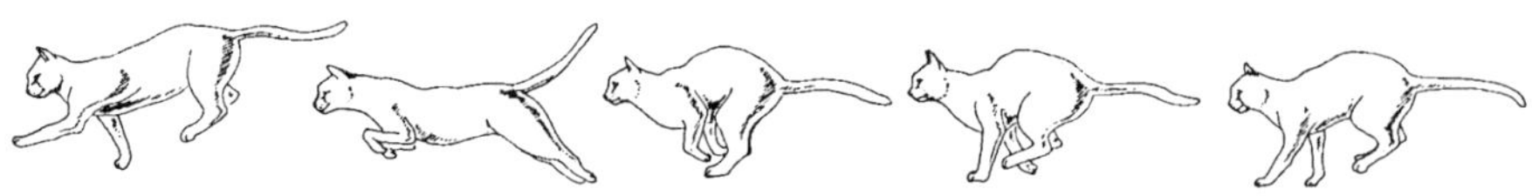

BVK LZ 14 • Susanne Köser: Lernzirkel Katzen

Station 7: Jetzt lernen wir „Kätzisch“

Aufgabe:

Betrachte die unten dargestellten Katzen genau und überlege, wie sie sich fühlen. Was könnten sie wohl sagen?

Schreibe die „Katzenreden“ in die dazugehörigen Sprechblasen.

Station 8: Die Familie „Katze“ stellt sich vor

Informationskarte Löwe

Löwen sind Großkatzen und leben in Familienverbänden. 5 bis 9 Weibchen und 1 bis 2 Männchen bilden das Rudel. Die gemeinsame Jagd ist Aufgabe der Weibchen.
Das Männchen markiert das Revier mit seinem Urin und verteidigt es durch lautes Brüllen.
Löwenmännchen haben im Gegensatz zum Weibchen eine Mähne. Freilebende Löwen kommen heute nur noch in Afrika vor. Ein Löwe hat im Tierreich kaum Feinde und beeindruckt durch sein prächtiges Aussehen. Menschen gaben ihm deshalb den Titel „König der Tiere“.

Station 8: Die Familie „Katze“ stellt sich vor

Informationskarte Tiger

Der Tiger ist die größte und die schwerste Katzenart der Welt.
Größere Vorkommen gibt es heute nur noch in einigen Gebieten Indiens und Javas. Auch in den verschneiten, bewaldeten Gebirgen Sibiriens leben noch Tiger. Die Streifen seines Fells gleichen im Gebüsch oder im hohen Gras den Schatten der Blätter und dienen somit als Tarnmuster. Tiger schleichen sich als Einzelgänger an ihre Opfer heran, da sie flüchtenden Beutetieren nur über kurze Strecken folgen können. Sie schlagen meist große Beutetiere und benötigen zum Überleben weite Reviere, die ihnen leider vielfach von den Menschen genommen werden.

BVK LZ14 • Susanne Köser: Lernzirkel Katzen

Informationskarte Leopard

Leoparden kommen in Afrika und Südasien vor. Dort leben sie in Wäldern. Sie haben dunkle Tupfer auf gelbbraunem Fell.
Die Leoparden sind Einzelgänger und jagen nur nachts.
Als größte Baumkletterer unter den Katzen können sie selbst senkrechte Baumstämme erklimmen. Oben ruhen sie sich aus oder verzehren ungestört ihre Beute.

Station 8: Die Familie „Katze“ stellt sich vor

Informationskarte Jaguar

Der Jaguar ist die einzige Großkatze des amerikanischen Kontinents. Er kommt hauptsächlich in den dichten Regenwäldern Südamerikas, aber auch in Mittelamerika und im Süden der USA vor. Er ist größer und gedrungener als der Leopard, aber nicht so flink. Die dunkel geränderten Fellflecken gehen am Bauch in dunkle Tupfer über, die im Dämmerlicht des Regenwaldes als gute Tarnung dienen. Der Jaguar schleicht sich nämlich nahe an seine Beutetiere heran, weil er nur kurze Zeit eine hohe Geschwindigkeit halten kann. Der Jaguar ist kein guter Kletterer und jagt deshalb nur am Boden. Er ist aber ein guter Schwimmer. Zu seinen Beutetieren gehören Säugetiere, Krokodile, Schlangen, Fische und Vögel.

Station 8: Die Familie „Katze“ stellt sich vor

Informationskarte Luchs

Der Luchs ist eine mittelgroße Raubkatze mit langen Beinen, deutlichen Pinselohren und einem runden Kopf mit Backenbart. Er besitzt ein rötliches Fell mit dunklen Flecken. Der Luchs ist ein Einzelgänger, der seinen Beutetieren auflauert.

Sein Verbreitungsgebiet reicht von Nordamerika und Asien bis nach Europa. Heute ist er in Europa fast ausgerottet, da er als Jagdschädling unerbittlich verfolgt wurde.

Station 8: Die Familie „Katze“ stellt sich vor

Informationskarte Wildkatze

Die Wildkatze besitzt ungefähr die Größe einer großen Hauskatze. Sie hat jedoch einen kräftigeren Körperbau. Ihr Schwanz ist kurz, buschig und deutlich dunkel geringelt. Das Fell ist meist deutlich gestreift. Sie ist ein Einzelgänger und jagt nachts.

Zu ihren Beutetieren zählen kleinere Säugetiere wie Hasen oder Kaninchen, aber auch Kitze und Lämmer sowie Vögel und Fische.

Das Verbreitungsgebiet der Wildkatze reicht von Schottland über Frankreich und Deutschland bis zu großen Teilen Südeuropas.

Station 8: Die Familie „Katze“ stellt sich vor

Aufgabe:
Trage für jede Tierart der Informationskarten den Namen des Tieres, die Färbung und Musterung des Fells (farbig) und den Lebensraum ein.

Tierart	Färbung und Musterung des Fells	Lebensraum

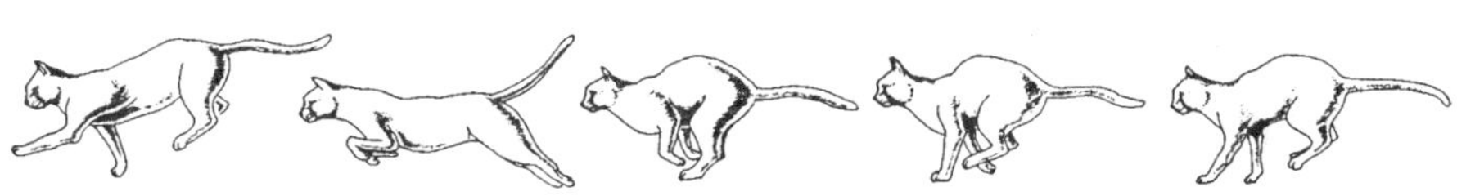

Station 9: Eine Katze kommt ins Haus

Geschichte: „Das Kätzchen"

Eines Tages kam die Nachbarin und fragte Diana, ob sie ein Kätzchen haben möchte. Diana war begeistert und sofort einverstanden. Sie bettelte bei ihrer Mutter so lange um Erlaubnis, bis diese nach anfänglichem Zögern nachgab. Das Kätzchen war doch so putzig! Als nun das Kätzchen in der Wohnung war, meinte die Mutter zu Diana, dass sie sich doch zu schnell entschlossen hätten, weil die Wohnung noch nicht „katzengerecht" eingerichtet sei. Beide machten nun zuerst eine Liste, was das Kätzchen alles braucht:

- einen **Katzenkorb** zum Schlafen, der in einer ruhigen Ecke der Wohnung steht
- **Spielzeug** gegen Langeweile, wie z. B. Bälle oder Plastikmäuse
- einen **Kratzbaum**, an dem sie turnen und sich ihre Krallen schärfen kann
- einen rutschfesten **Futter- und Wassernapf**
- eine **Katzentoilette** mit Streu
- **Katzengras** zum Auswürgen von Haarballen
- einen **Transportkorb** für evtl. Tierarztbesuche

Diana wurde von ihrer Mutter zur nächsten Tierhandlung geschickt, in der sie die benötigten Artikel alle sofort erhielt. Schwer bepackt kam Diana zurück. Sie überlegte nun gemeinsam mit ihrer Mutter, wo sie die Gegenstände für die Katze in der Wohnung unterbringen wollten. Das war gar nicht so einfach!

Wie könnte die Wohnung von Diana und ihrer Familie „katzengerecht" gestaltet werden?

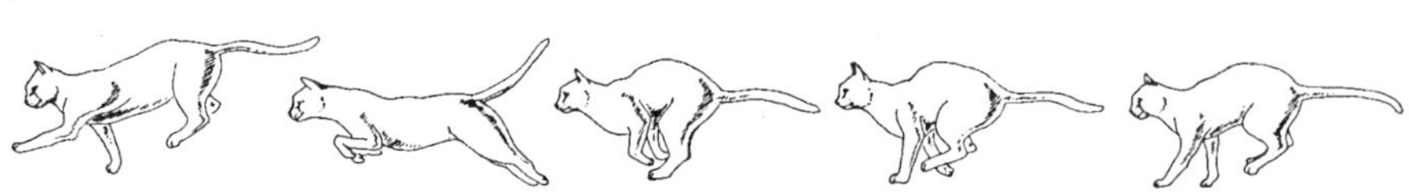

BVK LZ 14 • Susanne Köser: Lernzirkel Katzen

Wohnungsgrundriss

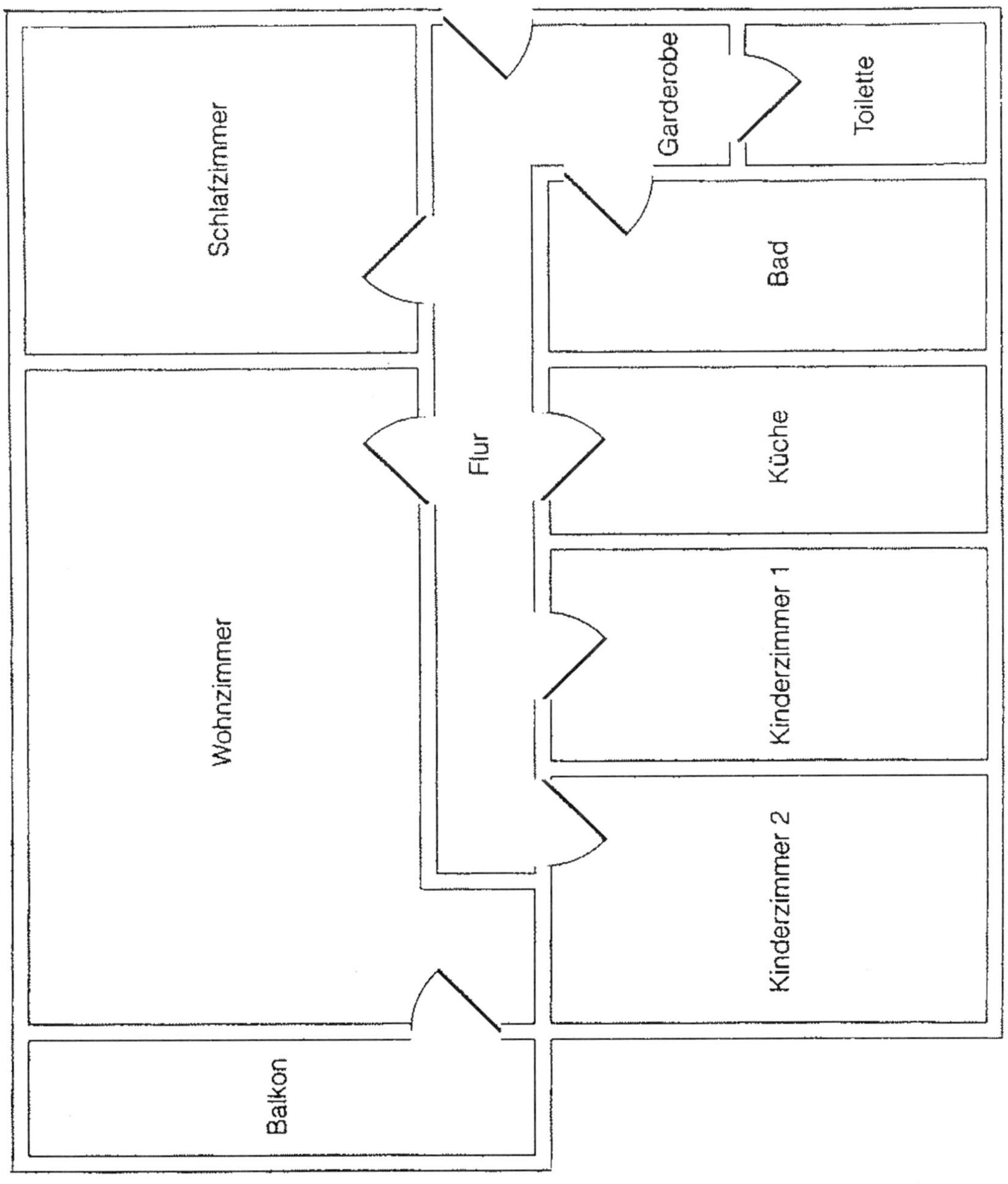

Einrichtungsgegenstände für die Katze

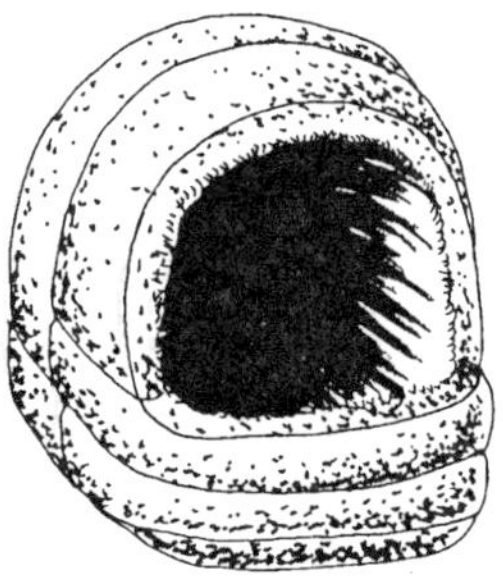

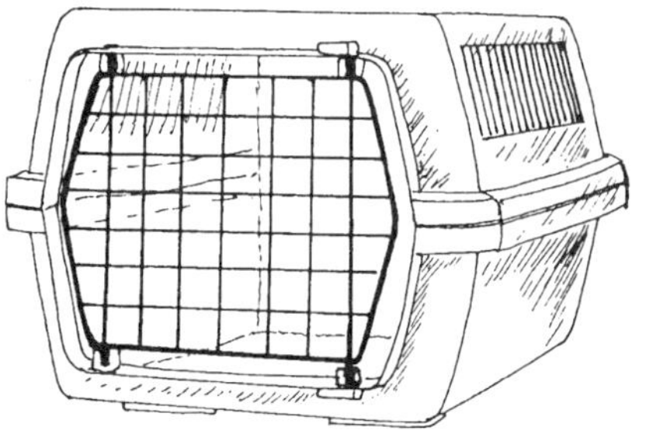

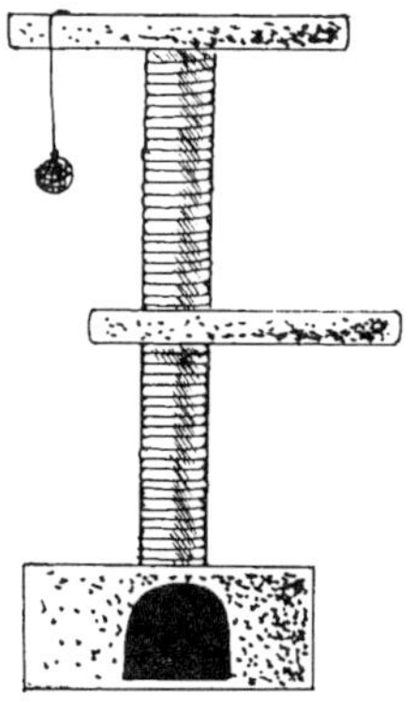

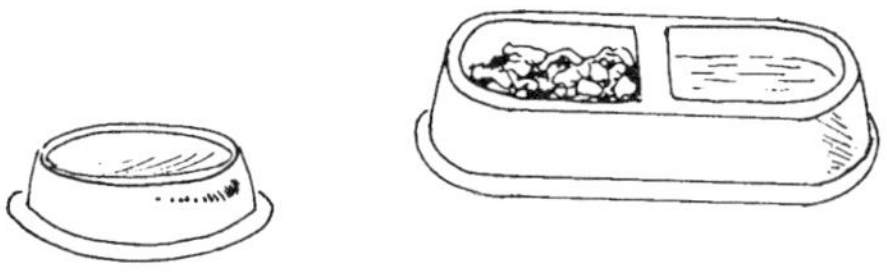

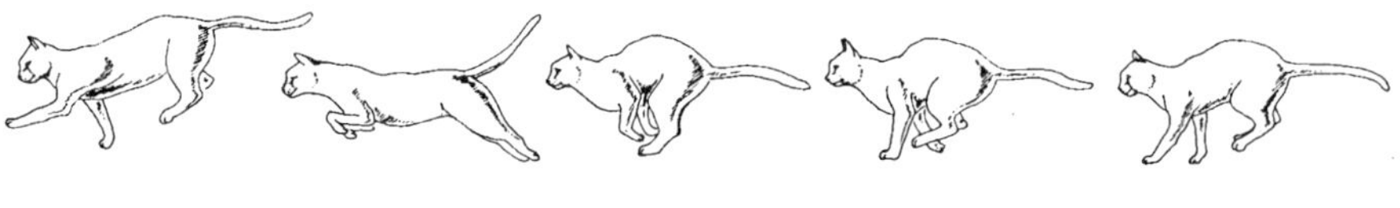

BVK LZ 14 • Susanne Köser: Lernzirkel Katzen

44

Freie Station 1: Heute schon gerätselt?

Aufgabe:

Suche in dem Rätsel folgende Wörter:

- KATZENKRALLE
- RAUBTIERGEBISS
- SKELETT
- KLEINKATZE
- LÖWE
- GROßKATZE
- SCHLEICHJÄGER
- SCHNURRHAARE
- LEOPARD
- LUCHS
- FALBKATZE
- BEUTEFANG
- PUPILLENWEITE
- TIGER
- JAGUAR

Achtung! Die Wörter können waagerecht, senkrecht und auch diagonal versteckt sein!

R	I	E	R	K	J	E	Z	B	L	E	G	Ö	S	S	T	Z	E	A	K	F	B	E
J	A	S	G	A	K	A	T	Z	E	N	K	R	A	L	L	E	F	A	H	A	P	P
Ä	A	U	E	T	R	D	G	S	Ö	U	C	H	O	N	R	Ö	U	U	N	L	U	U
G	M	E	B	E	A	P	R	U	Ä	G	T	K	M	ß	W	S	W	T	B	B	P	L
E	E	O	T	T	Z	E	K	A	A	Z	B	E	H	C	K	L	E	E	C	K	I	A
L	L	L	I	S	I	B	Z	T	Z	R	U	A	F	I	Ö	A	Ö	W	Ö	A	L	Ä
E	P	T	T	S	C	E	A	W	E	L	U	W	N	A	G	R	T	Ä	S	T	L	Z
O	J	T	C	S	H	W	T	G	Ä	J	L	Ö	B	S	N	L	W	Z	M	Z	E	L
P	J	A	I	U	L	Ö	S	G	E	A	K	E	E	Z	T	G	O	A	E	E	N	U
A	D	Y	R	G	Ö	O	P	G	E	D	K	A	S	T	K	L	T	A	Ä	E	W	C
R	A	J	U	A	E	U	G	Ä	W	B	R	I	A	K	A	J	A	H	C	L	E	H
D	R	L	E	L	U	R	D	K	L	E	I	N	K	A	T	Z	E	Z	K	A	I	S
M	L	A	O	P	Ö	E	O	L	A	L	D	S	K	E	L	E	T	T	R	E	T	T
S	C	H	N	U	R	R	H	A	A	R	E	Z	S	K	H	A	W	E	Ö	T	E	S
W	E	S	C	H	L	E	I	C	H	J	Ä	G	E	R	A	R	U	R	Ä	G	R	E

BVK LZ 14 • Susanne Köser: Lernzirkel Katzen

Freie Station 2: Die Puzzlestation

Aufgabe:

Versuche das Puzzle zusammenzusetzen. Als Hilfe dient dir die Bildvorlage, auf der das fertige Bild zu sehen ist.
Nimm das fertige Puzzle nach dem Zusammensetzen wieder auseinander und lege die einzelnen Puzzleteile in den Beutel zurück.

Freie Station 4: Wir malen ein Katzen-Mandala

Freie Station 5: Die Katzenrassen

Aufgabe:

Male die drei Katzenumrisse der folgenden Katzenrassen farbig aus:

1. Perserkatze
2. Siamkatze
3. Norwegische Waldkatze

Schreibe dann jeweils den Namen der Katzenrasse daneben und nummeriere sie.